방송입문총서 03

Show 제작, 새로움을 더하다

쇼
제작의
알파와
오메가

장익선 · 허항
김태홍 지음

씨마스

머리말

TV는 영상과 소리로 만들어진 콘텐츠를 전달하는 매체이다. TV 콘텐츠 중 시청자에게 보다 눈과 귀에 즐거움을 주고 흥이 나도록 하는 것이 바로 음악 쇼 프로그램이다. 한국의 음악 쇼 프로그램은 1960년대에 시작되어 1960년대 말에서야 음악 쇼 프로그램의 기틀이 잡히고, 그 후 60년 동안의 시간을 거쳐 지금의 모습으로 발전하였다. 지금의 음악 쇼 프로그램은 화려한 조명과 영상, 다채로운 안무와 탄탄한 음악 실력들로 무장된 K-POP 아티스트들의 무대로 가득 채워져 볼거리가 더욱 풍성해졌다.

이들 음악 쇼 프로그램에는 MBC의 〈가요대제전〉처럼 수개월의 준비 기간을 거쳐 방송이 제작되는 긴 호흡이 필요한 대형 음악 쇼 프로그램이 있는 반면에, 〈쇼! 음악중심〉과 같이 주간 정규로 진행되는 음악 쇼 프로그램처럼 길어야 5~10일 정도의 준비 기간이 소요되고, 방송은 1~3시간 안에 모든 것이 마무리되는 것도 있다.

음악 쇼 프로그램은 일반 녹화와 달리 대규모 관객들을 초청하여 생방송처럼 진행하거나 혹은 실제 생방송으로 진행하는 경우가 일반적이다. 따라서 사고 없이 짧은 시간 동안에 준비된 많은 것들을 보여 주어야 하기 때문에 다른 장르의 프로그램보다 철저한 사전 준비와 더 많은 순발력과 집중력 등이 제작에 참여하는 모든 스태프들에게 요구된다. 마치 오케스트라가 지휘자의 지휘 아래 좋은 연주를 보여주는 것과 같이 연출자의 지휘 아래 스태프들은 각자의 위치에서 프로그램을 위해 최선을 다하며 제작에 참여한다.

이 책은 음악 쇼 프로그램 제작에 종사하고 있는 사람들의 이야기를 다루었다. 쇼 제작 연출에 관한 책은 있었지만, 그 안에 종사하고 있는 다양한 분야의 여러 스태프들이 하는 일을 다룬 내용의 책은 전무했다. 그 이유는 쇼 프로그램 제작이 세분화, 전문화 되어 있고 내용에 적합한 사진 자료와 업무에 대해 수집과 분석이 쉽지 않았기 때문이다.

이 책의 특징은 다음과 같다

첫째. 쇼 제작의 연출관련 내용을 해당 쇼 프로그램의 연출자가 직접 설명하였다.

둘째. 쇼 제작에 종사하고 있는 스태프들이 직접 원고를 감수 하였다.

셋째. 쇼 제작의 실제 제작 과정을 사진과 함께 쉽게 설명하였다.

넷째. MBC 〈쇼! 음악중심〉의 여러 파트의 제작 과정을 한 장의 표로 만들어 독자에게 이해하기 쉽게 부록으로 만들어 보았다.

이 책은 아래와 같은 분에게 크게 도움이 되리라 본다.

첫째. 미래의 방송인을 꿈꾸고 있는 직업 탐구 초중고생

둘째. 미디어 관련 학과를 진학하고자 하는 입시생

셋째. 대학에서 영상이나 미디어 관련 학과에서 공부하는 대학생

넷째. 지상파나 케이블 방송사에 입사하고자 하는 취업 준비생

다섯째. 음악 쇼 제작 관련에 관심이 많은 일반인

이 책은 쇼의 모든 과정을 오롯이 담으려 노력한 결과물이다. 각 파트의 제작진들을 직접 인터뷰하고, 현장의 모습을 담고, 관객들에게는 생소할 수 있는 많은 중요 자료들을 실었다. 쇼의 제작 과정을 처음 접하는 분들이 쉽게 이해할 수 있도록 노력했으나, 쉽게 이해되는 글과 사진들 사이에서 쇼 제작진들의 열정과 정성은 묵직하게 전해졌으면 좋겠다. 더불어 바쁜 업무 중에 인터뷰에 응해주시고 귀한 자료를 아낌없이 제공해주신 많은 분들께 감사의 말씀을 전해 드리고 싶다.

마지막으로 독서 인구의 감소로 출판 업계의 어려운 가운데 '방송 제작의 알파와 오메가' 그리고 '드라마 제작의 알파와 오메가'의 책을 만들어 주셨고, 세 번째 방송 관련 책인 '쇼 제작의 알파와 오메가'를 출간해 주신 '씨마스의 이미래 대표님'께 진심으로 감사드린다. 쇼 제작 현장에서 필자들이 수시로 부탁한 현장 사진과 자료들을 보내 주신 MBC arts와 MBC 영상 미술 파트의 동료 및 쇼 제작 관련 스태프 여러분께 거듭 감사를 드린다.

쇼 제작에 관한 다양한 내용들을 집약하여 다루다 보니 내용적으로 아쉬운 부분이나 그 의미가 다소 다르게 해석되는 내용이 있으리라 생각한다. 이에 대한 오해나 관점의 차이가 있다면 관련 스태프 여러분의 넓은 마음으로 이해해 주시길 바라며, 우리의 시작이 쇼 제작 스태프들에게 다양한 생각과 관점의 씨앗이 되어 늘 새로움이 가득한 쇼의 발전으로 거듭나길 기대해본다.

2019년 10월 28일
저자 일동

차례

쇼 제작의 개요

쇼 제작

🎬 쇼에는 힘이 있다.

쇼는 제한된 시간과 공간 안에서, 많은 사람들이 함께 가장 큰 판타지를 느끼게 하는 장르가 아닌가 싶다. 그렇기에 올림픽의 시작과 끝에 개막식과 폐막식이라는 쇼가 있고, 남북이 교류할 때도 음악과 함께하는 쇼가 있었다. 한해를 마무리할 때도, 많은 사람들은 가요대제전이라는 쇼를 보며 1년을 돌아보고, 새해를 기약한다.

짧게는 1시간 이내, 길면 3~4시간 동안 펼쳐지는 판타지를 위해, 쇼에는 많은 준비가 필요하다. 시간적으로도 그렇지만, 수십 수백 명에 이르는 제작진들 각자의 정성이 있지 않으면 쇼는 구현될 수 없다. 보다 신선한 판타지를 위해, 실수 없는 무대 흐름으로 관객들을 몰입하게 하기 위해, 쇼 제작진들은 전문 기술과 열정을 함께 쏟아 쇼를 준비한다.

우리는 이미 전편의 '방송 제작의 알파와 오메가'를 통해 방송 제작 과정은 협업과 소통의 과정이며, 제작의 과정 속에서 각자의 업무가 어떻게 상호 유기적으로 연결되는지를 이해하였다. '쇼 제작의 알파와 오메가'에서는 조금 더 나아가 프로그램의 제작 과정과 원리에 조금 더 집중하고자 한다.

우리가 이미 TV를 통해 많이 보아왔듯 쇼에는 다양하고 많은 장르가 있다. 특히 우리는 이 많은 장르 중 TV 음악 쇼에 집중하고자 한다.

특히 카메라를 통해 전달되는 TV 음악 쇼의 경우 일반적인 공연과는 달리 또 다른 특성을 가지고 있기 때문에, 그 문제를 다룸에 있어 무척 신중하고 많은 주의를 기울여야 한다. TV 음악 쇼는 카메라의 콘티와 빛의 설계에 따라 제한적인 시각을 제공하기 때문에 일단 디자인 단계에서부터 일반적인 공연과 큰 차이점을 보일 수밖에 없으며, 매체의 특성과 제작 과정에 특수성이 있다고 말할 수 있다.

TV 음악 쇼에서 음악은 무대를 이끌어가는 주재료이다. 따라서 음악 쇼 연출 역시 음악이 갖는 주제와 정서를 온전히 전달해야 하며, 무대, 영상, 조명, 카메라, 특효 등 모든 시스템 역시 음악적 원리와 형식을 바탕으로 주제와 정서를 전달함에 최선을 다해야 한다.

이러한 TV 음악 쇼의 제작 과정은 곧 형상화, 시각화 그리고 새로움의 과정이다.

음악의 형상화, 시각화는 음악에 대한 철저한 이해와 분석을 바탕으로 하며, 음악과 각 요소들과의 일치를 통해 안정감, 경이감, 상승효과 등의 정서적 효과를 불러온다. 이러한 분석적 일치와 형상화 과정의 결과가 중요한 이유는 아티스트와 관객이 만들어 내는 커뮤니케이션 과정과 그 과정 속에서 파생되는 '즐거움(樂)'이라는 TV 음악 쇼의 궁극적 목표에 이 두 요인이 아주 중요하게 작용하기 때문이다.

TV 음악 쇼에서 음악 쇼의 연출 과정은 음악을 텍스트로 간주하고 이를 형상화, 시각화하는 과정이라고 말할 수 있다. 이러한 과정은 단순히 음악을 해석 및 분석하고, 다시 재현하는 것에 그치지 않고 그 이상의 의미를 갖도록 하는 아주 중요한 과정이다.

일반적인 TV 음악 쇼의 제작 과정은 크게 4단계로 이루어진다.

1단계. 텍스트로부터 콘셉트를 찾아내는 단계이다.

　　이 단계에서는 음악의 핵심 키워드를 찾아내고, 음악을 분석하며, 회의를 통하여 다른 스태프들과 아이디어 대한 협의를 해 나아가며, 형상화를 이루는 과정이라 할 수 있다.

2단계. 콘셉트를 발전시키는 단계이다.

　　이 단계에서는 구상한 것들을 각 직무의 아이디어로 전환하는 단계이며, 해당 아이디어들이 디자인을 통해 작성되는 과정을 의미한다.

3단계. 콘셉트를 실제적으로 발전시키는 단계이다.

　　이 단계에서는 디자인에 대한 기술적 구현과 검토가 이루어지는 단계이며, 예산 검토와 구조물과 장비의 선정 등이 이루어지는 과정을 의미한다.

4단계. 이행 계획을 구체화하고 제작하는 단계이다.

　　이 단계에서는 실제 계획들을 이행하고 방송 제작을 실시하는 단계이다.

　형상화란 추상적·관념적인 것들을 구체화시켜서 드러낸 것을 의미하는 연출자의 제작 과정이고, 시각화는 형상화의 결과로 얻은 것들을 바탕으로 이를 재가공하여 만들어내는 스태프들의 제작 과정이다. 각 분야의 해당 감독들은 형상화된 콘셉트를 바탕으로 자신만의 시각화 과정을 진행한다. 바로 이 과정 속에 각 스태프들의 노력과 실력들이 고스란히 묻어난다.

　연출은 바로 이런 시각화 과정의 출발에 있어 큰 그림을 제시하고 그들과 긴밀히 그리고 끊임없이 소통하여, 서로의 의견이 상호 관계에 있어 서로 분리되거나 배척하지 않고 통일된 전체로서 조화와 높은 효과를 얻어낼 수 있도록 한다. 연출의 과정은 프로그램 속에서 전체적으로 질서를 잡아주는 역할을 하고, 다양성이 내재하는 조화를 이루어낼 수 있는 시스템을 유지 혹은 발전하도록 노력하는 과정이다.

1인 미디어 시장의 성장으로 1인 미디어 산업과 콘텐츠가 각광 받는 오늘날, 지상파는 커다란 위기에 직면해 있다. 이러한 위기는 지상파 방송국의 편성조차도 뿌리째 뒤흔들고 있다. 그럼에도 불구하고 여전히 지상파는 한국 방송 산업에서 가장 인적 자원이 풍부한 집단이다. 네트워크에 의한 사회에 대한 영향력, 제작에 관한 막대한 자본과 인력, 체계적인 시스템, 아티스트 등 쇼는 지상파의 제작 능력을 보여주기에 아주 좋은 콘텐츠이며 차별화 할 수 있는 아주 좋은 장르이다.

특히 최근 K-POP이 전 세계를 뒤흔드는, 우리 스스로도 예상치 못한 시대가 오면서 한국 가요와 함께 한국의 TV 음악 쇼 역시 전 세계 K-POP 팬들의 관심 대상이 되고 있다. 한국에서 방송된 TV 음악 쇼는 거의 실시간으로 유튜브나 각종 사이트에서 재 송출되고, BTS나 트와이스, 블랙핑크 등 많은 글로벌 팬들을 보유한 가수들의 무대는 무려 억대의 조회 수를 기록하기도 한다. 또한 TV 쇼 제작 과정에서 파생된 비하인드 영상, 직캠 영상 역시 케이팝 팬들이 열광하는 새로운 콘텐츠로 자리매김하고 있다. 이러한 열풍에 발맞춰 지상파 TV쇼들은 미국이나 동남아, 심지어 지구 반대편 남미에서도 특집 쇼를 제작하기도 한다. 녹화장에 모인 수만 명의 현지 팬들이 한국 아이돌들의 노래와 안무까지 따라하며 열광하는 모습은 한국인들은 물론 TV 쇼 제작진들에게도 보면 볼수록 놀라운 광경이다. 그만큼, 케이팝 문화는 무한히 확장되어가고 있고, K-POP 콘텐츠 소비규모도 무섭게 증가하고 있다. 그리고 그 확대 재생산의 중심에는, 한국 TV 쇼가 자리하고 있다.

쇼다운 쇼, 늘 보아오던 쇼가 아닌 새로움을 발견하기 위해 연출이하 모든 스태프들은 오늘도 제작 현장에서 새로움에 도전한다.

쇼는 바로 이렇게 새로움을 더하여 제작된다.

1부
쇼를 만드는 사람들

1장 연출 파트

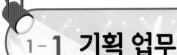

1—1 기획 업무

쇼 제작이 확정되면 기획자(CP)는 연출자가 쇼 제작의 제반 조건을 구축하게 하고, 프로그램의 규모나 예산, 캐스팅 등 전반적인 분야에 대해 얼개를 짜서 프로그램이 제작 · 방송되기까지 모든 상황을 관리, 책임진다.

🎥 개요

기획은 말 그대로 백지 위에 프로그램의 큰 구조를 설계하는 작업이라고 볼 수 있다. 건축으로 이야기하면 아무 것도 없는 땅 위에 건물을 짓기 위해 영역을 확보하고, 주춧돌을 놓는 작업에 비유할 수 있다. 기본적인 쇼의 성격, 타깃 시청 층, 러닝타임, 편성 시간, 예산 등 쇼 프로그램이 만들어지기 위한 필수적인 요소를 결정하는 역할이다.

방송사에서 제작하는 쇼에는 여러 가지 형태가 있는데, 먼저 MBC의 〈쇼! 음악중심〉, KBS의 〈뮤직뱅크〉, SBS의 〈인기가요〉와 같이 매주 방영되는 '위클리 아이돌 음악 쇼'가 있다. 그리고 기성세대를 타깃으로 한 음악 쇼들과 시의성 특집 쇼들, 매년 말 개최되는 연말 가요 축제들이 방송사 쇼 프로그램의 대표적인 형태들이다.

특히 최근에는 전 세계적으로 K-POP 열풍이 불면서 해외 팬들을 대상으로 외국 현지에서 공연을 하는 K-POP 쇼 프로그램들도 급격히 늘어나고 있다.

이와 같은 쇼 프로그램들은 방송사의 예능본부에서 담당한다. 이 같은 쇼 프로그램들의 기획은, 일반적으로 해당 쇼를 제작하는 부서의 수장인 CP(Chief Producer)의 진두지휘 하에 이루어진다.

▲ MBC에서 기획된 다양한 형태의 쇼들. 왼쪽부터 〈쇼! 음악중심〉, 〈가요대제전〉,
〈DMC 페스티벌〉, 〈DMZ 평화콘서트〉

[쇼 프로그램의 기획 과정]

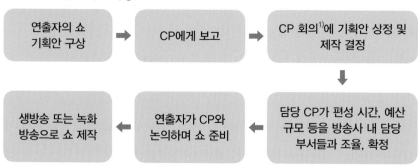

🎬 기획자의 역할

방송사와 예능본부 차원에서 쇼 프로그램 제작이 확정되면, 기획자(CP)는 연출자가 쇼 제작을 할 수 있는 제반 조건을 구축하는 역할을 수행한다. 프로그램의 규모, 예산, 캐스팅 등 전반적인 분야에 대해 얼개를 짜고, 그 프로그램이 방송되는 순간까지 모든 상황을 관리, 책임지게 된다. 프로그램 구성, 무대 연출 등 실제적인 제작은 쇼 연출자가 주도하게 되지만(1-2 '연출의 업무' 참조), 연출자가 제작에 집중하기 위한 발판을 마련해 주고, 제작 기간 내내 제반 환경을 관리해주는 중요한 역할이라 볼 수 있다.

❶ 프로그램 설계

기획자는 쇼 프로그램의 타깃 층을 정하고, 어떤 장르의 음악을 보여줄 것인지, 어떤 규모와 형식으로 제작할 것인지에 대한 전반적인 설계를 한다. 일반적으로 연출자가 프로그램의 초안을 구상하고, 부서의 CP와 함께 방향성을 조정하고 수정하는 과정을 거쳐 프로그램의 기획안이 탄생한다.

❷ 예산 확보

기획자는 쇼 제작의 절대조건이라 할 수 있는 예산 확보를 위해 예산국 혹은 마케팅 부서와 접촉해 만들고자 하는 쇼의 규모에 맞는 예산을 확보하는 역할을 한다. 특히 대형 특집 쇼의 경우 큰 규모의 예산이 필요하기 때문에, 방송사 자체적으로 마련할 수 있는 제작비 외에, 외부로부터 받는 협찬 예산이 필수적이다. (4-3. '마케팅 업무' 참조) 협찬 예산 유치를 담당하는 마케팅 부서를 비롯하여, 예산과 관련된 부서들과 논의해 최적의 쇼 제작비를 확보하는 것은 쇼 기획자의 중요한 역할 중 하나이다.

---

1) 예능본부장과 각 부서의 CP들이 참석하는 회의. 1주일에 한번 시간을 정해서 열리는 것이 일반적이지만 긴급하게 결정할 사안이 생기면 수시로 열리기도 한다. 예능본부 내에서 제작되는 프로그램에 대한 모든 결정이 이루어지는 회의

❸ 편성 논의

제작된 프로그램이 되도록 많은 시청자들이 볼 수 있는 시간대에 방송될 수 있도록 배치하는 업무를 편성 업무라고 한다. 이는 방송사 내의 편성국에서 담당하는데, 쇼 프로그램 기획자는 편성국과 논의, 쇼 프로그램이 가장 적절한 요일과 시간대에 방송될 수 있도록 노력한다.

❹ 프로그램 관리

쇼 제작의 과정에서 뿐만 아니라 쇼가 녹화되거나 생방송되는 현장에서도 기획자는 항상 전체적인 그림을 보며 쇼의 진행을 관리한다. 기획자는 연출자가 무대 연출에 집중하느라 놓칠 수 있는 관객 안전을 수시로 체크하고, 주조정실과 편성본부 등 타 부서들과 연출자의 커뮤니케이션을 돕는 등 최적의 쇼 연출 환경을 계속해서 도모한다.

쇼가 끝난 후에는 정해진 예산 안에서 쇼 프로그램의 제작비가 적절히 쓰였는지 검토하고, 시청률이나 수익 등 성과에 대해 분석한다. 이러한 작업을 거쳐, 그 다음 쇼 프로그램 기획에 참고가 될 만한 데이터베이스를 구축한다.

요컨대 쇼 프로그램의 기획자는 한마디로 쇼 제작의 큰 그림을 그리는 '설계자'이자 '관리자'라고 이야기할 수 있다. 좋은 설계자이자 관리자가 되기 위해서는 무엇보다도 쇼에 대한 애정 및 경험이 풍부해야 한다. 쇼 제작의 프로세스를 정확히 숙지하고 있고, 각 프로세스마다 어떤 인력과 재원이 요구되는지 잘 알고 있는 사람이어야 쇼 기획자의 역할을 원활하게 해낼 수 있을 것이다. 그래서 방송사 쇼 프로그램의 기획자는 기획자 본인이 쇼 연출 경험이 풍부한 PD인 경우가 많다.

또한 기획자는 쇼 제작과 관련된 사람들과 원활한 커뮤니케이션이 가능한 사람이어야 한다. 기획자가 연출자의 연출 의도를 존중하면서도 사내 다른 부서들의 입장도 유연하게 받아들이는 중간자 역할을 잘 해내면 그만큼 쇼 제작 과정은 수월하게 진행된다. 캐스팅 과정에 있어서도, 연출자와 기획사 간의 원활한 대화를 중재하는 역할을 하는 경우가 많다.

이와 같이 기획자는 연출자나 가수처럼 쇼 전면에서 활약하지는 않아도 더 넓은 시야로 쇼의 모든 부분을 관리하는 '보이지 않는 손'이라 할 수 있다.

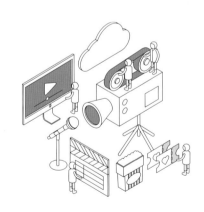

1-2 연출의 업무

쇼 연출자는 공연을 담을 카메라 컷을 배치하는 '콘티'를 작성하고, 무대 곳곳에 배치되는 카메라가 가수의 동선과 안무를 TV 화면에 최적의 모습으로 보여주기 위해 어떤 카메라로 언제 어떤 앵글을 구현할지를 결정해야 한다.

개요

쇼가 기획되면, 연출자의 실제적인 제작이 시작된다. 연말에 열리는 가요대제전이나 각종 특집 쇼의 경우 최소 3개월 이상의 회의를 거쳐 제작되고, '위클리 음악 쇼'는 평균 10일 정도의 제작 사이클로 제작된다. MBC 〈쇼! 음악중심〉, KBS 〈뮤직뱅크〉, SBS 〈인기가요〉 등 위클리 음악 쇼의 제작 과정은 각종 음악 쇼 제작 과정의 축소판이라 볼 수 있으므로 위클리 음악 쇼의 연출 업무에 대해 소개한다.

먼저, 매주 토요일 오후 생방송으로 방영되는 MBC 〈쇼! 음악중심〉 연출자의 제작 스케줄은 다음과 같다.

[MBC 〈쇼! 음악중심〉 제작 스케줄]

	생방송 전주
목요일	다음 주 컴백 팀 중 세트 사전 녹화 진행할 팀 캐스팅 확정
금요일	메인 작가, 세트 디자이너와 함께 생방송 메인 무대 디자인 및 세트 디자인 아이디어 회의

생방송 주	
월요일	그 주 출연을 요청한 가수들의 기획사 관계자들과 미팅 후 최종 캐스팅 라인업 확정. 무대 디자인 및 세트 디자인 최종 회의
화요일	캐스팅 콜
	카메라 감독, 조명 감독, 작가진, 조연출과 함께 스태프 회의 확정된 라인업과 무대 디자인 공유
수요일	LED 소스 디자이너와 함께 아이디어 회의
	콘티 작업 시작
목요일	콘티 작업 완성
금요일	작가진, 조연출, 진행 담당 FD와 함께 최종 점검 회의, 콘티 확인 작업
토요일	드라이 리허설, 세트 사전 녹화, 카메라 리허설 후 생방송 연출

〈쇼! 음악중심〉의 연출진은 담당 PD와 작가진 3~4명 규모로 구성되어 있다. 연출자는 작가진들과 수시로 논의하며 기술팀, 카메라 팀, 세트 디자인 팀 등 각 분야 스태프들, 그리고 기획사들과 커뮤니케이션을 하며 매주 방송을 만든다.

◀ MBC 〈쇼! 음악중심〉 회의실. 연출자와 작가들의 준비 작업 및 각종 회의가 이루어지는 장소이다.

🎬 연출의 업무

❶ 캐스팅 작업

쇼 연출의 첫 단계는 쇼 출연자를 결정하는 캐스팅 작업이다. 〈쇼! 음악중심〉과 같은 위클리 순위제 쇼 프로그램은 그 주에 시청자들이 가장 보고 싶어 할 가수들을 캐스팅하는 것이 관건이다. 〈쇼! 음악중심〉의 경우 그 주 생방송에 출연하고자 요청해오는 팀은 평균 50~60팀에 이른다. 하지만 편성 시간 안에 소화할 수 있는 팀은 최대 17~18팀이므로, 연출자는 요청 팀들의 시청자 선호도, 실력 등은 물론 음악적 다양성을 고려해 신중히 출연 팀을 결정해야 한다.

〈쇼! 음악중심〉은 매주 월요일, 그 주에 방송 출연을 원하는 가수의 기획사 관계자들과 정식으로 '캐스팅 미팅'을 하는 자리를 가진다. 캐스팅 미팅에서 각 기획사 관계자들은 소속 가수의 음원 샘플이나 영상 등을 지참해 연출자에게 홍보하고, 연출자는 제공된 자료와 시청자 층의 기대치, 여론 등을 고려해 출연자를 결정하게 된다. 연출자가 캐스팅을 확정하여 CP에게 보고하면, 화요일에 CP 회의를 통해 최종적으로 캐스팅 리스트가 확정된다.

❷ 무대 및 세트 디자인 아이디어 회의

위클리 음악 쇼는 매주 새로운 무대 디자인으로 시청자들에게 보는 즐거움을 선사하는 것이 중요하다. LED[2] 배치 및 무대 모양을 전반적으로 디자인한 메인 디자인과, 세트 디자인에 대한 아이디어 회의는 생방송 전주에 미리 하여 제작 시간을 확보한다. 연출자가 세트 사전 녹화를 진행할 팀을 결정하면, 메인 작가, 세트 디자이너와 함께 무대 디자인 및 세트 디자인 회의를 한다. 세트 사전 녹화는 적게는 1팀, 많게는 4~5팀까지 하게 되는데, 공중파 레귤러 쇼 프로그램은 한 주당 쓸 수 있는 예산이 정해

---

2) 무대마다 곡 분위기에 어울리는 이미지를 송출하는 장식적인 느낌의 무대 뒤 특수 전광판

져 있으므로 각 팀의 세트 규모를 적절히 조절해야 하고, 그 판단 역시 전적으로 연출자의 몫이다. 연출자가 팀마다 비용을 책정하면, 세트 디자이너는 그에 맞는 재료와 소품 등을 동원해 곡 분위기에 맞는 디자인 시안을 제작한다.

▲ 〈쇼! 음악중심〉의 스태프 회의 모습.
쇼는 각 분야 전문가들의 협업으로 이루어지는 장르이다.

방송 주초에 확정되는 캐스팅과 별도로, 연출자는 그 주의 '세트 무대'를 장식할 팀 1~2팀을 방송 전주 중 선정하여 통보한다. 기획사들로부터 해당 가수의 음원과 각종 이미지 자료를 받아 세트 디자인을 진행해야 하기 때문이다. 세트가 설치된 무대에서 공연할 팀은 그 주 출연자 중에서 가장 인기 있는 팀, 또는 쇼 연출자가 프로그램을 통해 시청자들에게 각인시키고 싶은 실력 있는 신인 등이 선정되는 경우가 일반적이다.

❸ 스태프 회의

캐스팅과 세트 사전 녹화 디자인까지 확정되면 쇼를 만드는 중요한 축인 카메라 팀, 기술 팀, 음향 팀, 특수효과[3] 팀, 진행 팀과 함께 본격적인 제작 방향을 논의하는 과정이 필요하다. 이 과정이 생방송 주초에 열리는 스태프 회의다. 캐스팅 리스트와 무대 디자인, 세트 디자인 도면을 공유하고 기술적인 세부 사항들을 논의한다.

▲ 연출자, 메인 작가, 세트 디자이너의, 무대 진행 감독의 회의 모습.
그 주의 무대 디자인 및 세트 디자인 회의를 하고 있다.

3) 꽃가루, 폭죽, 드라이아이스 등 무대를 꾸며주는 특수 재료들을 사용하여 주는 효과

❹ 콘티 작업

쇼 연출자가 해야 하는 중요한 작업 중 하나는 바로 가수의 공연을 잡을 카메라 컷을 배치하는 '콘티' 작업이다. 위클리 음악 쇼의 경우 10대 내외, 특집 쇼의 경우 15대 이상의 카메라가 무대를 중심으로 곳곳에 배치되는데, 가수의 동선과 안무를 TV 화면에 최적의 모습으로 보여주기 위해 어느 시점에 어느 카메라로 어떤 앵글을 구현할지를 결정해야 한다. 그것을 가사지 위에 표시해 문서화 한 것을 '콘티'라고 한다. 이 콘티에서, 쇼 연출자가 특정 가수의 무대에서 어떤 부분을 보여주고 싶어하고 어떤 분위기를 내고 싶어하는지 볼 수 있다. 카메라 팀, 기술 팀, 조명 팀은 이 콘티를 바탕으로 사전 녹화와 생방송 무대를 준비하게 되므로 신중하고도 신속한 작업이 요구되는 과정이다.

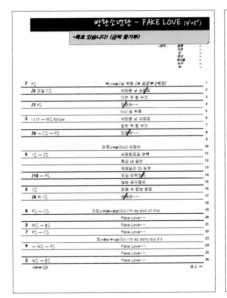

▲ 〈쇼! 음악중심〉 연출자가 제작한 방탄소년단 'Fake Love' 콘티의 일부. 안무와 리듬에 따라 어떤 카메라 앵글을 쓸 것인지와 어떤 특수 효과를 쓸 것인지가 적혀있다.

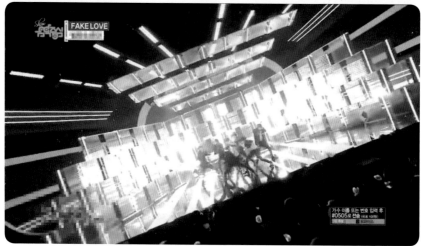

▲ 콘티에 맞춰 연출된 방송 화면

❺ 생방송 당일

[〈쇼! 음악중심〉의 생방송 당일 일정]

07:00 ~ 08:40	드라이 리허설
08:40 ~ 09:10	스태프 회의
09:10 ~ 12:10	오전 사전 녹화
13:00 ~ 14:10	오후 사전 녹화
14:20 ~ 15:00	카메라 리허설
15:20	스태프, 출연자 전원 스탠바이
15:30	생방송 시작

‒ 드라이 리허설

생방송 당일 아침에 출연자 전원의 오디오 및 안무 동선을 체크하는 리허설을 '드라이 리허설'이라고 한다. 이때 연출자는 카메라맨들과 함께 콘티를 최종 확정한다.

◀ 부조정실에서 사전 녹화 작업 중인 연출자와 기술 감독

‒ 사전 녹화

드라이 리허설이 끝난 후, 세트 사전 녹화를 진행한다. 세트 사전 녹화 외에도, 생방송 무대 전환상 미리 녹화해 둘 필요가 있는 팀들에 한해 녹화를 진행한다. 녹화는 한 팀 당 평균 2~3번 진행되는데, 녹화된 원본은

조연출과 편집 스태프들이 생방송 전까지 적절한 편집을 해 최종 방송본을 만들게 된다.

◀ 드라이 리허설에서 콘티를 확인하는 연출자와 카메라맨들. 드라이 리허설 후, 콘티대로 구현이 불가능한 앵글의 경우 카메라맨과 연출자가 합의해 콘티를 수정하기도 한다.

◀ 사전 녹화를 준비 중인 스튜디오의 모습. 악기를 배치하고, 관객들을 입장시키고 있다.

– 카메라 리허설

정해진 사전 녹화까지 마무리되면, 카메라, 조명, MC 멘트까지 실제 생방송처럼 진행해 보는 카메라 리허설을 진행한다. 생방송 들어가기 전에 마지막으로 카메라 앵글을 조정하고 음향, 조명 등 기술적인 부분들을 최종 점검하는 중요한 리허설이다.

❻ 생방송 연출

생방송이 진행 중인 부조정실의 외경. 외부인의 출입이 철저히 통제된다.

모든 출연 가수들이 스탠바이 되고, 사전 녹화 후 편집된 완성본들이 부조정실로 들어오면 생방송 준비는 끝난다. 정해진 편성 시간에 맞춰 프로그램 타이틀과 CM을 플레이하고, 드디어 실시간으로 송출되는 생방송 쇼를 시작한다. 연출자 본인이 만들고 각 스태프들의 피드백을 거쳐 최종 완성된 콘티대로 기술 감독에게 콜을 하면, 기술 감독은 정해진 카메라 버튼을 눌러 연출자의 콘티를 실시간으로 TV 화면에 재현한다.

카메라 콘티 뿐 아니라 특수효과, 사전 녹화 VCR 플레이, MC 멘트 시작 콜 등을 연출자가 외치면, 부조정실 마이크를 통해 전 스태프들의 인터컴에 전달되고 그 콜에 맞춰 생방송이 진행된다.

부조정실의 연출자와 스튜디오의 스태프들이 소통하는 도구인 인터컴

❼ 모니터링

쇼가 끝난 후에는 연출자 스스로 자신이 연출한 쇼를 평가하는 과정이 꼭 필요하다. 모든 쇼는 빠른 호흡으로 돌아가므로, 현장에서는 미흡한 부분들이 바로바로 느껴지지 않을 경우가 많다. 쇼를 마친 후 되도록 빠른 시간 내에 연출자 스스로 부족했던 부분을 다시 체크하고, 차후에 다시 활용하고 싶은 요소들을 기록해두면, 그 다음 쇼는 더욱 발전된 모습으로 시청자들에게 선보여질 수 있을 것이다.

쇼 연출자는 기본적으로 음악에 대한 흥미와 뮤지션에 대한 애정이 있어야 한다. 끊임없이 음악을 듣고 가수에 대해 연구하는 태도가 좋은 무대를 만들기 때문이다. 거기에 미적인 감각까지 갖추고 있다면, 음악이 비주얼로 구현되는 장르인 '쇼'를 한결 더 풍성하게 연출할 수 있을 것이다. 새로 나온 음악들을 꾸준히 모니터하고, 대중적으로 화제가 되는 가수들을 관심 있게 지켜보는 습관은 물론, 국내외의 공연 영상들과 트렌디한 이미지 등을 꾸준히 접하려는 노력이 세련된 쇼를 만드는 든든한 베이스가 된다.

아울러 쇼 연출자에게 있어 절대적으로 필요한 능력은 '협업력'이다. 쇼는 세분화된 과정과 여러 분야의 아이디어가 어우러져 제작되는 장르이다. 그렇기에, 연출자 본인이 아무리 아이디어가 출중하고 음악에 대한 조예가 깊어도, 각 분야 스태프들의 능력을 아우르지 못한다면 훌륭한 쇼가 제작되기 힘들다. 연출자가 아무리 조명에 대해 많이 알아도 조명 감독만큼 많이 알지 못한다. 카메라 장비나 앵글 등에 대해서도 카메라 감독이 훨씬 전문가이다. 다른 분야 스태프들도 마찬가지다. 연출자는 그 모든 전문가들의 능력을 전반적인 상황에 맞게 잘 구성하여 쇼라는 '종합 선물 세트'를 제작하는 사람이다. 따라서 쇼 연출자는 각 분야 스태프들과 활발히 의견을 주고받으면서, 동시에 기획사들 및 가수들과도 원활히 소통하는 중심 역할을 해내야 한다. 그렇게 상호 협업이 잘되어 제작된 쇼일수록 완성도가 높아지는 것은 물론이다.

협업력과 더불어 순발력 또한 여타 예능 장르들에 비해 쇼 연출자에게
더욱 중요한 덕목이다. 사전에 철저히 준비를 해도, 생방송 현장에서는 예
상치 못한 상황들이 발생하기 마련이다. 큐시트 상 정해진 시간을 초과하
거나 반대로 시간에 미달되는 경우가 생기기도 하고, 특히 큰 쇼의 경우
안전사고나 출연자의 예기치 못한 실수 등 쇼 진행에 치명적인 걸림돌이
되는 상황이 발생하기도 한다. 그 순간마다 가장 먼저 해결해야 할 것을
빨리 판단하고, 크고 작은 사고를 최대한 지혜롭게 수습해 쇼의 퀄리티를
최대한으로 살리고자 노력하는 자세야말로 쇼라는 특수한 장르를 제대로
이끌어나갈 수 있는 중요한 능력일 것이다.

1―3 조연출의 업무

쇼의 조연출은 연출자의 업무를 가장 가까이에서 돕는 사람으로 메인무대들을 잇는 VCR을 제작하고 생방송 및 녹화가 원활히 진행될 수 있도록 각 스태프들을 실질적으로 지휘하는 역할 등을 수행한다.

개요

쇼 연출자의 업무를 가장 가까이에서 돕는 사람을 조연출(AD)이라고 한다. 조연출은 보통 방송사 입사 5년 미만의 PD들이 맡는다. 쇼는 세부적인 요소들 하나하나가 퀄리티를 좌우하는 장르이므로, 조연출의 역할이 매우 중요하다. 연출자가 메인무대를 비롯한 큰 그림을 관장한다면, 조연출은 메인무대들을 잇는 VCR을 제작하고 생방송 및 녹화가 원활히 진행될 수 있도록 플로어 업무를 지휘하는 역할 등을 수행한다.

[〈쇼! 음악중심〉 조연출의 1주일 스케줄]

월요일	지난 주 방송 정산. 행정 팀에 청구서 넘기기. 무대 디자인 회의 참여
화요일	스태프 회의 참여. 제작할 생방송용 VPB 확정. (가수소개 ID, 순위 소개 VCR 등)
수요일	예고 제작. 생방송용 VPB 제작
목요일	예고 종합 편집. 제작한 생방송용 VPB를 CG팀 및 특수 영상 팀에 전달해 화면 특수효과 의뢰
금요일	생방송용 VPB 종합 편집
토요일	리허설 진행. 사전 녹화 진행. 사전 녹화 영상 편집. 생방송 진행

🎬 조연출의 업무

❶ VPB 제작

쇼 사이사이에 틀어지는 VTR을 VPB(Vtr Play Back)이라고 하는데, 가수 소개 VPB ('ID'라고도 한다), 순위 소개 VPB, 1위 후보 소개 VPB 등이 있다. 위클리 음악 쇼 조연출은 주초에 연출자와 상의해 그 주에 제작해야 할 VPB를 정하고, 각종 영상 자료를 편집해 VPB를 만든다. 제작된 VPB는 생방송 당일 아침까지 부조정실에 입고되어야 한다. 〈가요대제전〉과 같은 대형 특집 쇼의 경우에는 위클리 음악 쇼보다 훨씬 많은 VPB가 제작되어야 하는데, 이 역시 조연출이 도맡아 제작하고, 최종적으로 연출자의 컨펌을 받아 부조정실에 넘기게 된다.

▲ 〈쇼! 음악중심〉 조연출이 종합편집실에서 생방송용 가수 소개 VPB(ID)를 제작하는 장면.
종합 편집이란 편집실에서 만든 편집본에 색 보정, 음악 효과 등을 입혀
최종본을 만드는 과정이다.

❷ 편집

위클리 음악 쇼나 대형 특집 쇼는 생방송으로 진행되는 경우가 많지만, 생방송의 순조로운 진행을 위해 사이사이 사전 녹화로 이루어지는 무대들이 있다. (1-2. '연출의 업무'편 참조)

사전 녹화는 주로 생방송 날 아침이나 전 날 이루어지는데, 출연팀당 2~3번 정도 녹화를 해두는 것이 일반적이다. 생방송 당일, 조연출은 이 2~3개의 사전 녹화 원본을 편집해 최종 방송본을 만드는 편집 업무도 담당한다. 콘티에서 어긋난 컷을 OK 컷으로 교체하고, 컷 타이밍을 조정해 곡의 리듬과 영상이 자연스럽게 어우러지게 한다. 그리고 최종적으로는 미술 팀과 함께 편집본의 색을 곡 분위기에 맞게 보정하는 작업까지 거친다. 조연출은 편집된 완성본에 이상이 없는지 확인하고 생방송 전까지 모든 완성본을 부조정실에 입고한다.

편집 업무는 세심한 공정과 많은 시간이 투입되어야 하므로, 최근에는 전문 편집 팀이 조연출과 편집 업무를 나누어 하는 경우도 많다. (1-6. '편집 업무'편 참조)

▲ 〈쇼! 음악중심〉 조연출이 사전 녹화된 무대 영상을 편집하는 장면.
편집된 영상은 생방송 시작 전까지 부조정실로 전달된다.

❸ 예고 제작

위클리 음악 쇼나 특집 쇼의 예고를 제작하는 것도 조연출의 역할이다. 쇼의 예고는 주요 출연 가수의 라인업을 소개하고 방송일 및 시간을 고지하는 것을 골자로 하는데, 화려한 이미지의 장르인 만큼 쇼의 예고 역시 화려한 CG 작업을 덧입혀 제작하는 경우가 많다. 조연출은 출연 가수의 영상과 공연 장소 영상 등을 편집해 예고 영상을 만든 후 CG 팀이나 특수 영상팀에 후반 작업을 의뢰해 쇼 예고를 완성한다.

❹ 리허설 진행

생방송 당일 아침 음향을 체크하는 리허설인 드라이 리허설도 조연출의 지휘 하에 진행된다. 작가진이 출연 팀의 출석 여부를 체크하고 나면, 조연출이 큐시트 순서에 따라 차례로 리허설 무대에 오를 팀을 호명하고 MR(방송용 반주) 플레이를 부조정실의 음악 감독에게 요청하면, 그에 맞춰 출연팀들의 완곡을 리허설한다. 리허설 중 출연자 스탠바이에 차질이 생기거나 음향 등의 문제로 재리허설을 해야 하는 경우에는 조연출은 연출자에게 상황을 바로바로 보고해 생방송에 영향이 없도록 조치를 취할 수 있게 한다.

▲ 〈쇼! 음악중심〉 조연출이 생방송 당일 아침에 드라이 리허설을 진행하는 모습

❺ 리허설 및 생방송 진행

사전 녹화분 편집 완성본을 부조정실에 입고하고 나면 생방송 시간이 된다. 조연출은 바로 스튜디오로 내려가 인터컴을 착용하고 생방송 진행 업

무를 맡는다. 쇼 진행은 다각도에서 신속하게 이루어져야 하므로, 전문 진행 팀과 조연출이 협업하는 경우가 대부분이다. 스튜디오에서 크고 작은 문제가 생길 경우, 부조정실에 있는 연출자에게 바로 상황을 보고하는 것도 조연출의 역할이다.

❻ 정산 업무

모든 프로그램과 마찬가지로 쇼 역시 예산 운용이 매우 중요한 장르이다. 조연출은 쇼 제작 중간 중간 필요한 예산을 행정 팀으로부터 선급을 받아 제작 과정에 투입하는 역할을 전담하고, 최종적으로는 회당 예산이 어떻게 쓰였는지 정리해 행정 팀에 보고하는 역할도 하고 있다. 출연료, 스태프료, 미술비 등을 매주 꼼꼼히 기록해 행정 팀에 비용의 집행을 의뢰하고, 제작비 초과 등의 문제가 발생하면 연출자 및 CP에게 바로 보고하는 등 쇼 프로그램의 살림꾼 역할을 한다고 이야기할 수 있다. 대형 특집 쇼의 경우에는 훨씬 예산 규모가 크고 간접광고 등 특수한 예산이 개입되기 때문에 더욱 신중한 정산이 요구되기도 한다.

쇼의 조연출은 연출자가 놓칠 수 있는 부분을 챙기고, 각 스태프들을 실질적으로 관리해야 하는 위치에 있기에 성실하고 꼼꼼한 성격을 가진 사람에게 적합한 자리라고 할 수 있다. 또한 방송 영상과 예고를 매력적으로 만드는 능력도 중요하므로, 기본적으로 음악에 관심이 많고 각종 공연이나 쇼를 즐겨보는 취미를 갖는 것도 쇼 조연출 업무에 많은 도움이 된다.

1—4 작가의 업무

쇼 작가는 기본적으로 가수와 음악을 잘 표현할 환경을 만드는 역할을 하는 만큼 음악과 비주얼 디자인에 대한 감각이 있어야 하며, 생방송인 경우가 많은 만큼 섬세하고 꼼꼼하게 확인하는 성격이 업무에 적합하다.

🎬 개요

쇼의 작가는 쇼를 멋지게 만드는 모든 '재료'들을 준비한다고 이야기할 수 있다. 위클리 음악 쇼의 경우 메인 작가, 서브 작가, 막내 작가를 기본으로 3~4명 정도의 작가가 제작에 참여하고, 대형 특집 쇼는 6~10명 정도의 규모로 작가진이 꾸려진다. 쇼의 제작 과정에는 준비해야 할 재료들이 매우 많으므로, 작가의 업무 역시 세분화되어있다.

▲ 〈쇼! 음악중심〉 작가들이 회의실에서 방송을 준비하는 모습

[〈쇼! 음악중심〉 작가들의 업무 분담]

메인 작가	– 세트 디자인 회의 – 대본 검수 – LED 회의 – MC 리딩
서브 작가	– 큐시트 및 타임테이블 작성 – 순위 차트 정리 – LED 자료 찾기 – 대본 집필 – 특효 및 조명 톤 정리, 의상톤 정리
막내 작가	– 출연 가수 음원 및 자료 정리 – 가사지 작업 및 콘티 입력 작업 – 생방 자막 정리 – 프롬프터 정리 – 홈페이지 미리보기 문구 작성 – 생방일 가수 스탠바이 작업

🎬 쇼 작가의 업무

❶ 대본 작업

쇼는 기본적으로 여러 개의 공연 무대로 구성되어 있지만, 무대 사이사이의 연결이 원활해야 전체적으로 짜임새 있는 쇼가 된다. 그 연결고리는 현장의 MC 멘트나 VPB(Vtr Play Back)으로 이루어지는데, 이 부분의 내용을 작가가 집필한다. MC 멘트는 주로 이전 무대에 대한 소감과, 앞으로의 무대에 대한 소개로 이루어지는데, 일반적으로 대본 담당 작가가 초안을 집필하면 메인 작가가 검수를 하고 최종적으로 쇼 연출자가 컨펌을 하여 완성된다.

쇼의 연결용 VPB는 쇼 전체에 대한 소개나 쇼 주관사에 대한 소개, 또는 다음에 무대를 펼칠 가수에 대한 소개 등을 담는 경우가 많은데, 그 내용 역시 작가가 집필한 대본을 바탕으로 조연출이 영상을 제작하고, 연출자가 컨펌을 함으로서 최종본이 완성된다.

▲ 〈쇼! 음악중심〉의 생방송 대본의 표지와 오프닝 부분

큐 카드

완성된 대본은 MC들이 방송 중에 자연스럽게 읽을 수 있게, 로고가 프린트된 카드 뒷면에 다시 파트별로 잘라 오려붙이는데 이를 '큐 카드'라고 한다. 쇼의 MC들은 미리 대본을 숙지하고 오지만, 더욱 원활한 진행을 위해 각자 큐 카드를 손에 들고 방송에 임하는 경우가 많다. 쇼의 막내 작가는 대본이 최종 완성된 후 큐 카드를 작성해 방송 당일 MC들에게 전달한다.

▲ 〈쇼! 음악중심〉의 큐 카드. MC들이 읽기 좋은 크기로 프린트된 대본이 붙어있다.

❷ 출연자 관리

캐스팅이 완료되면 작가는 출연 가수들에 관한 자료들을 모은다. 각 기획사와 접촉해 방송용 음원과 가사를 받고, 출연 가수들의 의상부터 사용할 마이크까지 체크하여 연출자 및 스태프들과 공유한다. 사전 녹화와 리허설 스케줄이 정해지면 출연 팀에 통보하고, 방송 당일 출석 체크 및 무대 스탠바이를 준비시키는 것도 작가의 역할이다.

또한 곡마다 조명과 LED 영상 컬러 톤이 확정되면, 출연 가수 측에 전달해 무대에 어울리는 컬러 톤의 의상을 준비하도록 요청한다. MC 역시 서로의 의상 컬러 및 콘셉트가 어우러지도록 조율한다.

❸ 순위 집계 관리

순위제 음악 쇼의 경우에서는 방송사와 계약된 순위 집계 담당 업체로부터 그 주의 음원 순위를 받는다. 작가는 그 데이터에 방송사 내의 시청자 위원회 점수와 생방송 중에 받은 문자 투표의 점수 등을 해당 음악 쇼의 순위 선정 기준에 맞게 수집 및 합산하여 최종 순위를 리스트업 하는 것도 중요한 역할 중 하나이다.

❹ 무대 디자인 제안

작가는 각종 자료들을 취합해 연출자와 디자이너에게 디자인 아이디어를 제안하는 역할도 담당하고 있다. 이를 바탕으로 사전 녹화 세트 디자인, LED 소스 디자인 등이 제작된다.

세트 사전 녹화를 진행할 팀이 결정되면, 작가는 해당 가수의 음원과 이미지 자료, 홍보 자료 등을 참고해 디자이너가 참고할 만한 디자인 소스들을 수집한다. 이를 바탕으로 세트 디자인과 LED 디자인을 의뢰하고, 연출자의 컨펌을 거쳐 최종 디자인이 완성된다.

메인 작가가 세트 디자이너(가운데)와 디자인한 도면을 보며 의견을 제시하는 장면

〈쇼! 음악중심〉생방송 현장에서 LED 디자이너들이 LED 화면을 송출하는 장면. LED 소스 디자인 역시 작가와 디자이너의 협업으로 이루어진다.

❺ 생방송용 큐시트 및 소품 준비

최종 캐스팅과 곡 선정, 각 무대의 시간 배분까지 확정되면 서브 작가는 방송용 큐시트를 작성한다. 큐시트에는 그 주 방송에 출연하는 가수와 곡, MC 멘트가 할당 시간과 함께 순서대로 기록된다. 큐시트 상에는 조명, 특수효과, 마이크 등 사용 장비들까지 꼼꼼히 기록되는데, 작가가 작성한 큐시트는 메인작가와 연출자가 최종 확인한 후 방송 현장에서 진행 매뉴얼로 사용된다.

또한 1위 가수에게 주어지는 트로피, MC 진행에 동원되는 소도구들을 준비하는 것도 작가의 업무 중 하나이다.

큐시트

쇼 현장에는 수십 명, 많게는 100명이 넘는 스태프가 각자의 영역에서 일하고 있다. 이와 같이 큰 규모의 인원이 기본적으로 공유하고 있어야 할 요소들이 정리된 문서를 '큐시트'라고 한다. 큐시트에는 출연 가수 및 공연 순서는 물론, 각 무대의 길이, 동원되는 장비와 조명, 특수효과 등이 세세히 정리돼 있다.

- 제 610 회 -

▶ 방송 : 2018년 11월 17일 (토) 오후 3시 30분
▶ 음악 리허설 : 오전 8시
▶ 스태프 회의 : 오전 9시 20분
▶ 사전녹화 ① : 오전 10시 (구구단 Not That Type→케이윌 그땐 그땐→EXO)
▶ 사전녹화 ② : 오후 1시 (트와이스 YES or YES→KEY→아이즈원→Stray Kids)
▶ 카메라 리허설 : 오후 3시 15분

기   획 :
연   출 :
조 연 출 :
대   본 :
구   성 :
F   D :

순서	제목	시간		출연자	내용	VID(C)	AUDIO	위치	효명	LED	인/낙	CG/자막	소품/복조	비고
1	Title	00:20	00:20		★ 가상 광고 자막 ★	VPB	SOV							
2	전 CM	02:30	02:50			VPB	SOV							
3	VPB	00:05	02:55		연화통광고고지	VPB	SOV							
4	M - 1	03:15	06:10	에이티즈	< 해적왕 >		MR H2(남분)/헤드셋8(서브)	중앙						
5	오프닝	01:30	07:40	① 3MC 오프닝			H3	MC석						
6	M - 2	03:35	11:15	MXM	< Knock Knock >		MR 헤드셋2(지역)	중앙						
7	VPB	00:10	11:25		▶ Hot Debut ID : 드림노트	VPB	SOV							
8	M - 3	03:15	14:40	드림노트	< DREAM NOTE >		MR 헤드셋5(지역)	중앙						
9	M - 4	03:40	18:20	아이즈원	< 라비앙 로즈(La Vie en Rose) >		MR 헤드셋12(서브)	중앙						
10	Ment	01:00	19:20	② ment			H3	MC석						
11		09:00	28:20		Under Nineteen MV		조주 컷집							
12	Ment	00:45	29:05	② ment			H3	MC석						
13	M - 5	03:15	32:20	위키미키	< Crush >		MR 헤드셋8(서브)	중앙						
14	M - 6	03:25	35:45	Stray Kids	< I am YOU >		MR H3(남녀 분녀/헤드셋6(서브)	중앙						
15	M - 7	03:45	39:30	골든차일드	< Genie >		MR 헤드셋10(서브)	중앙						
16	Ment	00:45	40:15	④ ment			H3	MC석						
17	VPB	00:07	40:22		▶ Comeback ID : 구구단	VPB	SOV							
18	M - 8	02:10	42:32	구구단	< Be myself >		MR 헤드셋8(서브)	중앙						
19	M - 9	03:10	45:42		< Not That Type >		MR 헤드셋8(서브)	중앙						
20	M - 10	03:30	49:12	몬스타엑스	< Shoot Out >		MR H2(투힘 분녀)/헤드셋5(서브)	중앙						
21	Ment	00:50	50:02	⑤ ment			H3	MC석						
22	VPB	00:07	50:09		▶ Comeback ID : 트와이스	VPB	SOV							
23	M - 11	03:15	53:24	트와이스	< BDZ(Korean Ver.) >		MR 헤드셋8(서브)	중앙						
24	M - 12	04:00	57:24		< YES or YES >		MR 헤드셋8(서브)	중앙						
25	VPB	00:07	57:31		▶ Comeback ID : 케이윌	VPB	SOV							
26	M - 13	01:30	59:01	케이윌	< 어머님께 전화해 >		MR H1	중앙						
27	M - 14	04:00	1:03:01		< 그땐 그땐 >		MR H1	중앙	자막 고					
28	Ment	00:40	1:03:41	⑥ 3MC 클로징			H3	MC석						
29	VPB	00:07	1:03:48		▶ Hot Solo Debut ID : KEY	VPB	SOV							
30	M - 15	03:25	1:07:13	KEY (feat. 소유)	< Forever Yours >		MR H1(소유)/헤드셋6(서브/서브)	중앙						
31	M - 16	03:45	1:10:58	EXO	< Tempo >		MR 헤드셋8(서브)	중앙						
32	후 CM	02:30	1:13:28			VPB	SOV							
33	후 Title	00:08	1:13:36			VPB	SOV							

▲ 〈쇼! 음악중심〉의 큐시트

❻ 자막 작업

가사지 작업과 함께 자막 작업 역시 막내 작가의 중요한 업무 중 하나이다. 막내 작가는 생방송 중, 혹은 최종 방송본에 들어갈 노래 제목, 가수 이름, 가사 자막, 곡 소개 자막 등을 순서대로 정리해 방송 당일 부조정실에 전달한다. 프로그램 홈페이지나 주요 포털 사이트에 오르는 프로그램 미리보기와 각종 안내문도 막내 작가가 작성한 후 메인 작가의 검수가 끝난 다음에 연출자의 컨펌을 받아 게시한다.

쇼 작가의 경우 기본적으로 가수와 음악을 최대한 잘 표현해 줄 수 있는 환경을 만들어 주는 역할인 만큼, 음악과 비주얼 디자인에 대한 기본적인 감각과 애정이 바탕이 되어야 한다. 또 생방송으로 진행되는 경우가 많은 만큼, 작은 것까지 섬세하고 꼼꼼하게 확인하는 성격을 가진 사람들이 쇼 작가 업무에 적합하다고 할 수 있다.

1-5 진행 업무

쇼 진행자는 부조정실이나 중계차에 있는 연출자를 대신하여 무대와 객석 등 현장을 통제하기 때문에 사전에 큐시트를 완벽히 숙지하고 연출자와 작가, 스태프들과 세세한 것들까지 공유하며 쇼가 원활히 진행되도록 한다.

🎬 개요

쇼 생방송, 혹은 녹화 현장에서 전반적인 흐름을 지휘하는 사람을 FD(Floor Director)라고 한다. 쇼 진행자는 부조정실이나 중계차에 있는 연출자를 대신에 쇼 무대와 객석 등 현장을 통제하는 매주 중요한 역할을 담당한다. 따라서 사전에 큐시트를 완벽히 숙지하고 연출자와 작가, 스태프들과 사전에 세세한 부분들까지 공유하며 쇼가 끊김 없이 원활히 진행되도록 한다. 일반적으로 연출자와 인터컴으로 직접 소통하는 담당 FD와, 진행팀 10여 명이 한 팀을 이루어 쇼 진행을 담당한다.

▲ 〈쇼! 음악중심〉 스튜디오에서 사전 녹화 현장을 진행 중인 FD

◀ 진행자가 연출자와 소통하는 중요한 도구인 인터컴을 착용한 모습. 부조정실의 연출자가 인터컴을 통해 무대 측의 FD에게 지시 사항을 전달하고 준비 상황을 전달받는다.

[<쇼! 음악중심> FD의 체크 노트]

v 무대 순서 숙지

v 사전 녹화 세트 도면 숙지

v 특수효과 타이밍 숙지

v 사전 녹화 시 입장하는 관객 수 (팬클럽 규모) 파악

v MC용 소품, 트로피 등 체크

❶ 생방송 진행

생방송의 경우, 모든 무대가 1초의 끊김도 없이 쭉 이어지는 것이 중요하므로, 진행자는 공연을 마친 가수를 신속하게 퇴장시키고, 다음 가수가 바로 무대로 올라오도록 하는 과정이 원활하게 진행되도록 한다. 사이사이 MC에게 큐 사인을 주는 것도 담당 진행자의 역할이다.

또한 쇼 무대에 자주 활용되는 꽃가루, 폭죽, 드라이아이스 등의 특수효과가 사전에 연출자가 지정한 지점에서 이루어질 수 있도록 특수효과 팀에 사인을 주는 역할도 한다. 만약 생방송이나 녹화가 원활히 진행되지 못하는 요소가 발생할 경우 역시 인터컴을 통해 연출에게 신속히 보고한다.

❷ 사전 녹화 진행

사전 녹화는 별도 세트가 세워져야 하는 무대가 많으므로 진행자의 진두지휘가 있어야 한다. 위클리 생방송의 경우 20~30분 내외에 이전 세트 철거 및 다음 세트 설치가 모두 이루어져야 하므로, 담당 진행자는 휘하의 10여 명의 진행 팀을 리드해 신속한 세트 전환이 이루어지도록 한다.

또한 2~3번에 걸쳐 이루어지는 사전 녹화 사이사이, 연출자와 카메라 감독 등의 의견을 접수해 가수들에게 전달하여 더 나은 녹화가 이루어질 수 있도록 한다.

▲ 〈쇼! 음악중심〉 사전 녹화 세트 설치와 철거 현장을 지휘 중인 FD

▲ 그룹 '동키즈'의 사전 녹화 중 모니터 화면을 보며 의견을 전달 중인 FD

❸ 방청객 관리

일반적인 예능 프로그램과 쇼 프로그램이 다른 점은 작게는 수백 명, 많게는 수천, 수만 명의 방청객 동석 하에 방송이 이루어진다는 점이다. 쇼 진행자는 진행 팀과 경호 팀 등을 통솔해 관객의 출입과 착석이 안전하게 이루어지도록 관리하는 역할도 한다. 특히 사전 녹화 시 무대마다 수십 명, 많게는 수백 명에 이르는 팬덤 관객을 교체해야 하는데, 진행자는 정해진 타임테이블 안에서 신속·안전하게 관객을 입·퇴장시키는 작업을 주도한다.

특히 무대 바로 앞의 스탠딩석의 경우에는 관객의 입·퇴장 시 각종 카메라 장비들과 케이블이 손상되지 않도록 신경을 써야 하므로 전문 진행자의 진두지휘가 매우 중요하다.

〈쇼! 음악중심〉 생방송 당일 아침, 상암동 MBC 앞에서 입장을 기다리는 관객들 모습. 쇼의 현장은 곧 많은 인파가 모이는 현장이기도 하다.

사전 녹화 무대가 끝나고 퇴장하는 관객들 모습. 장비가 많고 경사가 가파른 스튜디오에서 관객 입·퇴장 시 안전사고가 일어나지 않게 하는 것이 가장 중요하다.

한편 연말 특집 쇼나 시의성 야외 특집 쇼 같은 경우는 훨씬 더 많은 관객들을 수용하게 되므로, 진행 팀의 역할과 규모는 더욱 커진다. 진행 팀은 안전한 입장과 퇴장을 진두지휘하는 것은 물론이고, 세트 및 관객석의 사전 안전점검, 우천 시 대처(무대 미끄럼 방지 장비 세팅, 관객 우의 배포 등), 유사시 공연장 관할 소방서 및 경찰서, 의료기관 등과의 연락을 도맡아 작은 안전사고에 대비하도록 한다.

쇼 진행자 역시 쇼와 음악에 대한 관심이 바탕이 되어야 한다. 아울러 쇼의 프로세스와 공연에 대한 이해가 충분히 되어 있어야 원활한 진행이 가능하다. 그리고 무엇보다도 쇼 진행의 '경험'이 쌓이면 쌓일수록 더욱 전문성을 발할 수 있는 분야이기도 하다. 쇼의 프로세스에 대해 이론적으로 잘 숙지하는 것도 중요하지만, 실제 쇼 현장을 많이 경험한 진행자일수록 큐시트 상에 계획된 요소들을 더욱 원활하게 진행시킬 수 있고, 예기치 못한 돌발 상황에도 순발력 있게 대처할 수 있다.

1···6 편집 및 CG 업무

쇼 편집자는 음악의 도입부에서는 어떤 커트를 쓰는지, 절정에서는 어떤 커트를 쓰는지 등 기본적인 영상 감각을 익혀두고, 곡 분위기에 따라 영상에 어떤 색을 입히는지, 어떤 편집 기술을 쓰는지 등을 잘 관찰해야 한다.

개요

쇼 영상은 매우 정제된 영상이다. 리얼 버라이어티 예능 프로그램이나 시사교양 프로그램들은 화면의 질보다는 현장감을 중시해 날 것의 영상을 많이 사용하는 반면, 쇼는 음악의 분위기를 최대한 살릴 수 있도록 영상 자체의 느낌에 많은 신경을 쓰는 장르다. 따라서 쇼 영상의 편집 작업은 다른 프로그램의 영상 편집에 비해 박자 감각이나 미적 감각이 더욱 요구된다.

특히 요즘은 그룹 아이돌이 대세가 되어 있는 시대이고 안무와 개인 파트가 갈수록 세심하게 짜여 나오는 경향이 있기 때문에 역시 세심한 편집 작업을 거쳐야 그 매력이 오롯이 드러나는 무대들이 많다. 중간에 삽입되는 VCR도 쇼라는 장르에 알맞도록 세심한 편집 작업을 통해 세련된 느낌을 구현해야 한다. 최상의 쇼 영상 퀄리티를 위해서 CG 작업도 적극적으로 동원된다.

편집 업무

생방송으로 송출되는 쇼 프로그램에서도 주요 컴백 팀의 무대를 비롯한 몇몇 무대들은 사전 녹화를 한다. 쇼 프로그램의 편집 업무는 이 사전 녹화 무대를 편집하는 업무와 중간에 삽입되는 컴백 ID, 순위 소개 등의 VCR을 편집하는 업무로 나눌 수 있다. 쇼 영상의 편집은 주로 프로그램의 조연출이 담당해왔으나, 최근 들어 쇼 영상 편집의 전문 인력이 그 업무를 함께하는 경우가 늘어나고 있다.

[쇼 편집의 과정]

▲ 〈쇼! 음악중심〉 사전 녹화 영상을 편집 중인 조연출과 편집기 화면. 연출자가 콘티를 바탕으로 2~3번의 녹화를 진행하면 녹화본을 바탕으로 리듬에 어긋난 컷을 미세하게 조정하고 녹화된 컷 중 베스트 컷을 추려내 방송에 송출될 최종 영상을 만든다.

🎥 CG 업무

CG(Computer Graphic) 업무는 편집실에서 만들어진 편집본에 비주얼적인 효과를 더하여 얹는 작업이다. 쇼는 그 어느 프로그램보다 '보는 즐거움', 즉 비주얼적인 화려함이 중요한 장르이므로, CG 작업이 필수적이다.

CG 작업에는 공연 영상의 엔딩에 해당 가수를 상징하는 로고를 얹는 작업, 컴백 ID와 1위 후보 소개 화면 등의 VCR의 이미지를 제작하는 작업 등이 있다. 이런 작업들은 쇼를 보는 시청자들의 눈을 더욱 흥미롭게 한다.

▲ 〈쇼! 음악중심〉의 1위 후보 소개 그래픽 작업 화면과 이를 작업중인 모습. 쇼의 CG는 다른 프로그램들에 비해 컬러감이 풍부하다.

◀ 무대 영상에 CG 작업을 하고 있는 디자이너. 영상의 색감을 곡 분위기에 맞게 조절하고, 마지막 화면에 로고를 얹는 작업이다.

쇼에서 CG의 역할이 큰 만큼 쇼의 CG는 20명에 가까운 디자이너들이 협업해 만든다. 특히 위클리 음악 쇼의 경우 시청자 층이 10~20대에 걸친 젊은 세대이므로 그 세대의 감성을 이해하는 젊은 디자이너들이 다수 포함되어 있다. 디자이너들은 현재 방영되는 쇼 프로그램들 뿐 아니라 세계적으로 트렌디한 영상이나 디자인들을 관찰하면서 쇼를 가장 세련되게 보이게 하는 디자인을 연구한다.

또한 한 사람이 한 프로그램의 모든 CG를 담당하게 되면 업무량이 넘치는 것은 물론 다소 일방적인 디자인 패턴을 보여줄 수 있으므로, 팀 내 디자이너들이 업무를 분담하고 서로 활발히 의견 교환을 하며 다양한 디자인 효과를 만들어 낸다.

스코어리더

영화나 드라마 촬영 현장에는, 연출자가 촬영한 여러 테이크 가운데 OK 컷을 기록해 두는 '스크립터'가 있다. 쇼 현장에서 그와 비슷한 역할을 하는 사람이 '스코어리더'다. 스코어리더는 연출자가 만든 콘티를 미리 숙지하고, 쇼 현장에서 연출자가 짜인 콘티에 맞게 녹화나 생방송을 진행할 수 있도록 옆에서 진행을 돕는다. 특히 녹화 현장에서는 여러 번에 걸쳐 녹화되는 컷들 중에서 가장 연출 의도에 맞게 녹화된 OK 컷들을 모두 기록해 두고, 연출자가 편집자에게 전달하고자 하는 요소들을 꼼꼼히 체크하여 편집실의 편집자에게 넘기는 중요한 역할을 한다.

스코어리더 역할은 쇼의 작가 중의 한 명이 담당하기도 하고, 쇼 편집 및 진행에 경험이 많은 인력이 전문적으로 맡기도 한다.

◀ 〈쇼! 음악중심〉 스코어리더가 사전 녹화 현장에서 녹화되는 영상을 보며 콘티를 체크하는 장면

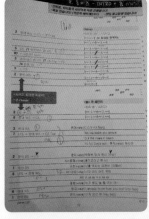

▲ 스코어리더가 OK 컷과 연출자의 편집 코멘트 등을 체크해 기록한 콘티. 편집자는 이를 참고해 편집한다.

쇼 편집자는 음악에 대한 이해는 물론이고, 쇼 영상 편집에 있어 절대적으로 중요한 박자 감각과 미적 감각이 뛰어나야 한다. 그래야 음악 무대의 에너지가 극대화되고 시청자들도 영상에 더욱 몰입할 수 있기 때문이다.

쇼 편집자를 꿈꾸는 이들이라면 평소에 음악을 많이 듣는 것은 물론 각종 쇼 영상이나 뮤직비디오 영상들을 항상 가까이 하는 것이 좋다. 음악의 도입부에서는 어떤 커트를 쓰는지, 절정에서는 어떤 커트를 쓰는지 등 기본적인 영상 감각을 익혀두고, 곡 분위기에 따라 영상에 어떤 색을 입히는지, 어떤 편집 기술을 쓰는지 등을 잘 관찰해 두면 실전에서 본인만의 창의적인 색깔로 쇼 영상을 만들어 낼 수 있을 것이다.

2장 방송 시스템 파트

2···1 기술 감독의 업무

기술 감독은 기술 파트의 영상이나 음향, 조명 등에서 15년 이상 근무해야 선발하는 편이다. 쇼 기술 감독은 기술적인 테크닉과 여러 스태프를 아우르고 배려하는 원만한 성격이 적합하며, 음악을 좋아하고 순발력이 있어야 한다.

🎥 개요

기술 감독은 스튜디오 녹화나 생방송 시 기술 관련 파트(영상, 녹화, 조명, 음향 등)에 대한 전반적인 조정과 운용을 담당하며, 연출자와 협의하여 제작 시 스튜디오의 카메라 감독을 비롯한 스태프와 부조정실의 기술 스태프와의 조정자 역할을 한다.

즉, 프로그램 제작의 첫 모니터 스태프로 조명·영상·음향 등 기술 파트의 총책임자로, 연출과 스튜디오의 다른 스태프 간의 중재자 역할을 하는 업무이다.

기술 감독은 기술 파트에서 영상이나 음향, 조명 등의 업무를 15년 이상 근무한 자에서 선발을 하는 편이고 기술적인 테크닉과 여러 스태프를 아우르고 배려하는 원만한 성격이 업무에 보다 적합하다.

생방송 쇼의 기술 감독은 10대 이상의 카메라와 매주 생방송으로 진행하기 때문에 3개월 이상 선임 기술 감독과 함께 생방송에 복수 근무를 하면서 입문하게 된다.

🎬 기본 제작 과정

[생방송 쇼 프로그램의 경우(MBC 〈쇼! 음악중심〉)]

- 제작할 음원 듣기
- 가수의 연습 장면 동영상 체크하기
- 연출자의 콘티 체크하기
- 부조정실 생방송 장비의 체크하기
- 사전 녹화와 생방송 체크하기
- 연출자와 사전 녹화 스케줄에 대한 체크하기
- 사전 녹화와 생방송의 시간 계산 체크하기
- 생방송 시 방송 사고에 대한 비상 시스템 체크하기

▲ 토요일 생방송으로 진행할 MBC 〈쇼! 음악중심〉의 콘티 가사와 가수의 연습실 동영상을 모니터하고 있는 기술 감독의 모습. 안무와 가수의 위치 등과 연출이 작성한 카메라의 콘티 등을 살펴보며 모니터한다. 목요일부터 금요일까지 진행하는 편이다.

▶ 기술 감독이 사용하는 스위처와 〈쇼! 음악중심〉 진행물. 기술 감독이 가장 보기 좋은 위치에 진행물을 부착해 생방송시 모니터를 보면서 사용한다.

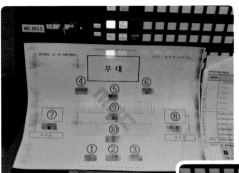

진행물 좌측의 카메라 위치와 카메라 감독 배치도. 연출자의 큐 사인에 맞춰 정확하게 컷팅을 해야 하기 때문에 방송 전에 카메라 감독과 인터컴을 통한 크로스 체크를 하고 진행한다.

<작! 음악중심> 관련 방송 운행표. 생방송인 관계로 생방송이 몇 시에 시작하는 지를 고지한 내용이고 TV 편성부에서 생방송 당일 오전에 정확하게 알려준다.

<쇼! 음악중심> 기술 감독 큐시트. <쇼! 음악중심>은 모두 같은 큐시트를 사용하지만 스태프의 업무 분장에 따라 보는 내용이 다르다. 기술 감독의 큐시트도 본인이 필요한 부분은 붉은색과 형광색으로 표시해 생방송 시 활용한다.

기술 감독 우측에 있는 음중 타임 테이블 진행물. 큐시트를 보다 간결하게 정리한 내용으로 가수의 곡목과 노래하는 시간만 정확하게 표시한 모습이다.

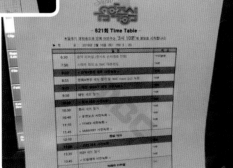

쇼 조명 감독은 음악은 물론이고 카메라, 미술, 기술 등 촬영 전반에 대한 폭넓은 지식과 이해가 요구되며, 각 파트의 스태프와 협의하고 결정을 내려야 하는 일이 많기 때문에 원활한 소통 능력과 빠른 판단력이 요구된다.

개요

스튜디오 조명 감독의 업무는 TV 프로그램 제작에서 기본적으로 필요한 빛을 디자인하고 운용한다. 조명은 기본적으로 카메라의 촬영을 위한 기본 광량을 제공하는 일반적 기능과 심리적 표현과 미장센 등을 위한 심리적 기능으로 역할하며, 연출자의 의도와 프로그램의 성격이나 장르에 따라 다르게 디자인된다.

스튜디오 조명 감독들은 해당 프로그램 조명의 전반적인 작업을 다루며, 프로그램 제작 시 촬영의 기본 재료가 되는 빛에 대한 모든 부분을 프로그램의 콘셉트에 따라 디자인부터 감리, 감독 및 진행 등의 전반을 담당한다. 따라서 조명 감독은 빛은 물론이고 카메라, 미술, 기술 등 촬영 전반에 대한 폭넓은 지식과 이해가 요구되며, 각 파트의 스태프와 협의하고 결정을 내려야 하는 일이 많기 때문에 원활한 의사소통 능력과 빠른 판단력이 요구된다.

여기서는 쇼 프로그램의 조명 감독 및 조명 조감독의 업무와 조명 크루 및 외부 업체의 업무에 대해 정리해 보았다.

🎬 조명 감독의 업무

① 연출의 프로그램 조명 의뢰
② 콘셉트 협의 및 예산 협의
③ 미술 디자인 확인
④ 협의 및 수정
⑤ 디자인 결정 및 도면 작업
⑥ 업체 선정 및 장비 발주
⑦ 장비 설치 진행
⑧ 리허설
⑨ 생방송 또는 녹화
⑩ 예산 정산
⑪ 모니터링

　조명 감독은 방송사마다 조금씩 차이는 있지만 MBC나 KBS의 경우 엔지니어 파트로 입사해 조명 조감독 업무를 일정 시간 거친 후에 조명 감독으로 입문하게 된다. 조명 조감독은 스튜디오에서 프로그램 제작 시 조명 감독의 지시에 의해 외부 업체를 관리·감독하고, 조명 감독의 디자인을 분석하여 해당 프로그램의 조명 크루에게 실질적인 작업 지시를 하고 조명 콘솔을 직접 운용하는 자를 말한다.

◀ 조명 디자인실에서 〈쇼! 음악중심〉 조명 감독이 조명 설계를 하는 모습

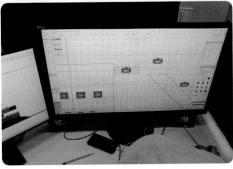

◀ 미술 감독이 스케치업으로 작업한 도면에 조명 설계를 한다.

◀ 스케치업 도면과 조명 디자인 프로그램을 사용해 설계하는 화면. 수요일부터 작업을 해 목요일에 설계를 마치게 된다.

◀ 〈쇼! 음악중심〉 부조정실의 조명 감독 모습. 부조정실 중앙 뒤쪽에 위치하고 있으며 왼쪽에는 비디오 엔지니어, 오른쪽에는 조명 프로그래머(조명 오퍼레이터)가 위치한다.

　　조명 감독은 신입사원으로 입사하여 드라마와 쇼 그리고 예능과 교양 프로그램 등에서 다년간 조감독으로 근무한 뒤 조명 감독으로 입문하게 된다. 현재는 주로 전자 관련 계통의 엔지니어를 선발하는 편이나 향후에는 미술, 영상이나 사진 등의 조명에 대한 경험이 있는 자가 입문하리라 예상된다.

◀ 중국판 〈복면가왕〉에서 조명 연출 및 운용을 담당하는 조명 감독과 조감독의 모습. 해외에서는 국내와는 또 다른 무수히 많은 변수가 발생하기 때문에 조명 감독은 이에 대한 대비를 하고 진행해야 한다.

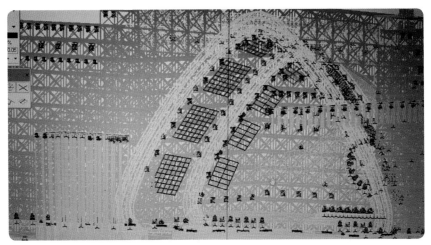

▲ 조명 디자인 소프트웨어인 Vectorworks를 사용하여 조명을 설계한 모습

▲ 위 사진의 디자인을 바탕으로 실제로 꾸며진 야외무대

◀ 2018년 〈DMC 페스티벌〉
조명석의 조명 감독 모습

◀ 2018년 〈DMC 페스티벌〉
조명석의 조명 감독과 조명
프로그래머

🎬 생방송 쇼 조명의 제작 과정(MBC 〈쇼! 음악중심〉을 기준으로)

8일 전	연출자와 메인 작가, 세트 디자이너와 콘셉트 회의하기
7일 전	세트 디자이너와 수시로 세트 콘셉트 의견 교환하기
5일 전	연출, 작가, 조명, 세트, 카메라, 영상, 음향 등의 책임자 참석, 전체 스태프 회의하기
4일 전	완성된 가수의 음원 듣기(공용 웹하드를 이용)와 본사에 없는 장비를 외부 조명 협력사에 임차 발주하기
3일 전	시뮬레이션을 통해 가상 조명 설계하기
2일 전	연출자의 콘티를 바탕으로 음원에 따른 조명 설계하기
1일 전	세워진 세트에서 등 기구 설치와 가상 설계한 조명 설계를 구현하면서 조명 메모리 작업하기
생방송 당일	카메라를 통한 조명 연출하기

🎬 스튜디오에서 조명 조감독의 업무

방송에서는 일반적으로 신입사원으로 입사하면 조감독으로 부르고 드라마와 쇼 그리고 예능과 교양 프로그램 등에서 6~8년간 근무를 한 후에 조명 감독으로 입문하게 된다. 지금까지는 주로 전자 관련 계통의 엔지니어를 선발하는 편이지만 향후에는 영상이나 사진 등에서 조명에 대한 경험을 쌓은 자가 입문하리라 예상한다.

조감독은 스튜디오에서 쇼 프로그램 제작 시 조명 감독의 지시에 의해 조명 팀의 현장 책임자나 조명 크루에게 실질적인 작업 지시와 조명등 기구 설치를 함께 하며 조명 콘솔을 운용한다. 프로그램에서 조명 조감독은 조명의 특수 장비를 컨트롤하는 프로그래머의 역할을 주로 한다. 제작 전날에 스튜디오에서 조명 감독이 설계한 가사의 조명 큐를 조명 콘솔에서 조명 장비의 포지션을 정하고 조명을 노래에 맞게 포커싱한다.

〈쇼! 음악중심〉의 경우 외부 렌탈 업체 프로그래머와 함께 장비를 양분해 운용하기도 한다.

[기본 제작 과정(MBC 〈복면가왕〉 조명 디자이너)]

제작 4일 전	조명 감독과 함께 음원 듣기
제작 3일 전	영상 담당 작가에게 노래에 대한 개별 영상 소스 받기
제작 2일 전	조명 감독으로부터 조명 콘티 받기
제작 1일 전	스튜디오 조명 설치와 메모리 작업하기
제작 당일	음악 리허설과 카메라 리허설을 통해 조명 메모리 확인하기

◀ 〈복면가왕〉 조명 큐 작업 모습. 녹화 전날 스튜디오에서 조명이 설치된 조명 장비를 조명 감독의 큐 설계에 의한 음악에 맞추어 각도를 조정하고 있는 모습이다.

◀ MBC 〈쇼! 음악중심〉 조명 팀의 작업 장면. 오른쪽이 조명 조감독으로 스튜디오 무빙 라이트의 운용을 담당하고 있는 모습이다.

🎬 조명 보조 업무

방송사마다 차이는 있지만 조명 보조원을 채용해 운용을 한다. 조명 보조는 쇼를 비롯한 교양과 예능 및 드라마에서 조명등 기구 설치와 조명 콘솔에서 메모리 작업을 진행한다.

조명 보조원의 기본적인 업무 진행 과정은 다음과 같다.

- 출근 직후, 로비에서 당일 녹화하는 스튜디오 조명 창고의 키 챙기기
- 조명 디자인실에서 조도계 및 인터컴의 이상 유무 확인 후 창고에 놔두기
- 딤머룸의 이상 유무 확인하기
- 부조정실에서 (알람 등) 콘솔의 이상 유무 확인 및 (마스킹 테이프, 네임펜 등) 패치 준비하기
- 스튜디오에서 프로그램마다 세팅 시간이 상이한 조명 세팅하기
- 필요할 때 사용할 필터나 등 기구에 장착할 고보등을 사전에 준비하기
- 부조정실에서 조명 감독이나 조감독 등의 지시에 따라 콘솔에 패치 작업하기
- 녹화가 끝난 후 부조정실 조명 콘솔의 메모리 삭제 및 정리하기
- 스튜디오 조명 기구의 철수 및 불량 기구를 정비실로 옮기기
- 조도계 및 인터컴을 회수하여 디자인실에 가져다 놓기
- 현관 로비에 조명 스튜디오의 창고 키 반납하기
- 퇴근

조명 보조는 고학력이나 다양한 스펙을 가진 유경험자보다 방송을 좋아하고 성실하며 적극적인 성격의 사람이 채용되는 편이다.

▲ 쇼에서 가수를 비추는 팔로우 스팟 조명. 스튜디오 중앙 실링(천정) 근처에 위치하고 있으며 팔로우 스팟 조명의 사용 대수만큼 운용 요원이 근무한다. 주로 렌탈 전문 설치 업체의 직원이 담당을 한다.

◀ 팔로우 스팟 조명실 모습.
조명의 강한 열로 별도의
에어컨이 설치되고, 가수의
움직임을 정확히 팔로우하
기 위한 개별 PGM 모니터
가 설치되어 있다.

◀ 특수 효과 팀에서 사용한
꽃가루. 반짝이는 포장용
작은 셀로판 조각으로 되어
있어 바닥에 사용하는 무빙
조명 기구의 팬을 막아 무
빙 라이트의 작동에 지장을
주기 때문에 무대 현장의
조명 팀장은 세심한 주의를
해야 한다.

◀ 무대 뒤쪽의 각종 케이블.
카메라가 보이지 않는 무대
뒤쪽은 쇼에 사용하는 각종
케이블이 포설되어 있다.
조명, 전식, 특수효과, 영상
장치, 음향 관련 케이블이
있어 서로 간섭을 주거나
단락 등에 주의를 해야 한
다. 장비의 50% 이상이 케
이블과 단자의 접촉 불량이
기 때문에 조명 현장 팀장
은 항상 무대 뒤의 조명 케
이블에 신경을 써야 한다.

2─3 음향 감독의 업무

쇼 음향 감독은 엔지니어로 입사해 제작 파트에서는 마이크를 적게 사용하는 드라마로 시작해 3~4년 정도 토크쇼에서 기량을 숙지한 뒤에 간단한 쇼 제작 음향 업무를 진행하게 된다. 노래를 좋아하고 음악적인 감각이 있어야 한다.

🎬 업무

스튜디오에서 음향 감독의 기본 업무는 쇼나 드라마의 내용을 바탕으로 기존의 녹화 및 타 드라마나 쇼의 모니터, 사전 리허설 등을 통하여 연기자나 가수의 음색과 발성 등을 먼저 체크한 뒤 적절한 음색과 밸런스로 소리를 픽업하는 일이다.

음향 감독은 엔지니어로 입사해 제작 파트에서는 마이크를 적게 사용하는 드라마의 음향 업무를 시작한다. 그리고 3~4년 정도 토크쇼를 진행하면서 음향 관련 업무의 기량을 숙지한 뒤 쇼 제작 음향 업무를 진행한다.

쇼 제작 음향 감독 업무는 크게 세 가지 파트로 나누어진다(MBC의 경우).

첫째, 〈복면가왕〉처럼 악단을 사용하면서 녹화로 이루어지는 스튜디오에서 노래를 제작하는 업무(→ 음악 전반 작업라고 함)

둘째, 〈복면가왕〉처럼 녹화로 제작된 쇼 프로그램의 노래를 보다 완벽한 상태의 노래로 만드는 믹스다운 업무(→ 음악 후반 작업이라고 함)

셋째, 〈쇼! 음악중심〉처럼 생방송으로 제작되는 쇼 프로그램 음악 업무

🎥 쇼 음악 프로그램 제작 업무(MBC 〈복면가왕〉)

❶ 개요

MBC의 대표 음악 프로그램인 미스터리 음악 쇼인 〈복면가왕〉 음향 파트의 제작 과정을 소개하고자 한다. 〈복면가왕〉은 격주 화요일 일산 공개홀에서 제한된 방청객을 초대해 제작하는 데, 공개홀에서 악단을 사용해 녹화를 진행한 뒤에 음악 믹스다운실에서 후반 작업을 하여 방송된다.

여기서는 음향 감독이 〈복면가왕〉을 준비하는 과정을 간단하게 소개하고자 한다.

❷ 음향 제작의 과정

월요일 오후	– 현장 PA 업체 공개홀 스피커 및 마이크 포설하기 – 포설된 스피커의 음향 상태 확인하기
화요일 07시	– 출근하여 각종 악기 준비하기
08시	– 악기 튜닝하기  ◀ 무대 뒤쪽 상단에 위치한 드럼 세트  ◀ 드럼과 키보드가 함께 위치한 모습. 악기 튜닝의 출발은 드럼의 체크부터 시작이 된다.

09시	- 가수의 노래(음악) 리허설하기 - 악단과 가수의 음악 밸런스 체크하기 - 현장 PA 체크하기  ◀ 무대 뒤쪽 상수에 위치한 현악기 파트  ◀ 3라운드 진행 시 이용되는 무대 뒤쪽의 가왕석 모습. 녹화 때는 악기와 연주가가 있고 인터뷰 때는 카메라 프레임 밖으로 빠지는 방법으로 제작한다. - 카메라 리허설하기 - 가수용 무선 마이크의 배터리 교체하기
15시	- 1라운드 녹화하기 - 1라운드 종료 후에 무선 마이크 배터리 교체하기 - 음원 녹음 상태 확인하기
저녁 식사 후	- 2~3라운드 제작하기 - 녹화 종료 후에 제작할 때 미진했던 파트 체크하기 - 음향 후반 작업에 의뢰할 내용 정리해 전달하기

〈복면가왕〉의 음향 정리

▲ 스튜디오 음악 픽업의 가장 중요한 포인트?

→ 기본적으로 공개홀 내에서의 음향은 보컬이 제일 중요한데 이는 가면을 써서 관객들은 누굴까에 집중하기 때문에 다른 믹싱보다 좀 더 레벨이 올라가게 제작을 한다. 1라운드의 경우에는 아마추어가 많아 곡을 잘 따라가지 못해 더 신경을 써야되고 듀엣인 경우에는 화음이 잘 이루어지도록 믹싱을 한다.

▲ 악기 픽업은?

→ 실제 방송은 녹음실에서 믹스다운을 다시 해야 되므로 일종의 녹음 작업으로 생각해야 되서 악기픽업이 상당히 중요하고 녹음실 같은 환경과는 달리 모니터, 스피커 등에서 새는 소리가 너무 많아 어려움이 많이 있다.

한편, 관객들의 호응을 위해서는 리듬 악기 드럼과 멜로디 악기 파트인 기타 · 키보드 · 색소폰 등을 곡에 따라 믹싱해야 한다. 하지만 공개홀 특성이 저음 반사가 심해 PA 레벨을 세밀하게 조정하며 제작한다.

▲ 가수가 노래를 부를 때 연예인 판정단의 리액션 오디오의 픽업은?

→ 동시 외부 업체 핀 마이크로 수음을 하고 후반 편집 작업에서 재믹싱을 한다.

▲ 외부 PA 업체의 투입 인원과 주요 업무는?

→ 5〜6명 정도이고 기존 공개홀 메인 스피커를 사용하여 많은 인원이 투입되지 않고 하우스 PA 감독 1, 가수 모니터 감독 1로 구성하고, 기본적인 업무는 공개홀 PA 및 가수 모니터링(스피커, 인이어 시스템), 악기 · 마이크 세팅이다.

▲ 본사 음향 팀의 업무는?

→ 프로그램 전체의 음향 관리(사전 준비, 체크) 및 믹싱, 녹음, 노래 라이브 믹싱, 모든 음향 소스 멀티트랙 녹음, 패널 라이브 믹싱, 관중 효과음 라이브 믹싱을 담당한다. 핀 마이크는 외부 업체만 사용하고 본사의 무선 핸드 마이크는 크게 가수 4, MC 1, 패널 13이다.

▲ 악기 튜닝의 시간은?

→ 오전 8시〜9시로, 체크 및 튜닝을 한다.

🎧 믹스다운 기본 업무(음악 후반 작업 업무)

❶ 개요

스튜디오나 공연장에서 제작된 멀티트랙 채널을 믹스다운실에서 악기의 음과 밸런스 조정, 그리고 패닝, 시그널 프로세서(리미터 컴프레서, 이퀄라이저, 리버브레이션, 딜레이 등)를 사용하여 원하는 음악을 만드는데 이것을 믹스다운이라 한다.

음악의 유형과 믹싱 감독에 따라 믹스다운 방법이 매우 다양하기 때문에 사실 이것에 관해 정의를 내린다는 것은 불가능하다.

생방송이 아닌 쇼 프로그램에서 연주된 악기와 가수의 노래를 분리한 채널을 근간으로 가수의 노래와 악기의 밸런스를 가장 최적의 사운드로 만들어 방송 시 보다 완벽한 사운드를 연출한다. 간혹 연주가 잘못되거나 가수 본인이 부른 노래에 대해 실수를 한 경우에는 녹음실에서 틀린 부분을 다시 불러 재편집하기도 한다.

음악 후반 작업을 믹스다운이라고 부르기도 한다. 야외나 스튜디오에서 가요 프로그램을 제작할 때 가수의 음성과 악기의 소리 음원을 별도의 여러 채널로 분리하여 녹음을 해 믹스다운실로 보내 작업을 진행한다.

보통 4분짜리 노래 한곡을 믹스다운 해 음원을 완성하는 시간은 약 1시간에서 2시간 전후가 소요된다. 믹스다운 시 연출자나 가수의 의견을 참고해 진행하기도 한다.

❷ 기본 제작 과정

- 멀티트랙 녹음기를 재생하면서 트랙에 녹음되어 있는 잡음이나 악기의 불필요한 소리를 제거한다.
- 믹서의 각 채널(인풋 섹션의 이퀄라이저, 컴프레서, 팬포트 등)을 미리 설정한다.
- 모든 악기의 믹서 인풋 페이더를 비슷한 레벨로 올린 다음에 전체적인 소리를 들으면서 중요한 악기의 레벨은 올리고 백그라운드 악기들의 레벨은 줄인다.
- 일반적으로 악기의 음색 조정은 킥 드럼부터 시작한다.
- 킥 드럼 조정이 끝나면 일렉트릭 베이스를 조정해 킥 드럼과 믹스한 다음 두 악기의 밸런스를 들어본다. 그리고 스네어 드럼, 일렉트릭 기타, 건반 악기 순으로 각 섹션 악기의 음색과 밸런

스를 조정한다.
- 믹스할 때는 킥 드럼을 기준으로 드럼의 레벨을 −10VU 정도로 설정하고 모니터 레벨을 듣기 좋은 상태로 조정한다. 이때 조정한 모니터 레벨은 믹스다운이 끝날 때까지 변동시키지 않아야 한다. 보컬을 기준으로 믹스할 때는 보컬 레벨을 −5VU 정도로 설정한다. 물론 음악 장르에 따라 그 레벨은 다르겠지만 일반적으로 −8∼−4VU 정도로 한다.

◀ MBC 대표 음악 프로그램 〈복면가왕〉의 노래 후반 작업을 하고 있는 모습

◀ 음악 믹스다운 엔지니어가 사용하는 콘솔

이 업무는 스튜디오나 야외의 쇼 현장에서 악기와 가수의 노래에 대한 작업을 10년 이상 경험한 엔지니어가 믹스다운실(녹음실)에서 작업하는 편이다.

평소에 다른 방송사의 음악 프로그램을 모니터하거나 음악에 대한 소질이 있고 컴퓨터 작업에 대한 이해도가 높으면 음악의 믹스다운에 유리하다.

🎬 생방송 스튜디오 쇼 음향 업무

❶ 개요

MBC에서 생방송으로 제작되는 〈쇼! 음악중심〉의 음향 제작 과정을 정리해 보았다. 크게 세 파트로 나누어진다.

첫째, 부조정실에서 전체를 진행하는 음향 감독.

　　　TV를 통해 송출되는 모든 소리에 관여한다.

둘째, 스튜디오에서 현장 확성을 담당하는 현장 감독.

　　　객석으로 확성되는 모든 소리에 관여한다.

셋째, 무대에서 가수의 마이크나 인이어를 관리하는 음향 크루.

　　　가수들의 모니터를 위한 파트로, 가수가 듣는 음원의 레벨이나 보이스 레벨 등을 조율한다.

❷ 생방송 쇼 음향 감독의 업무

- 제작용 음원 듣기
- 가수의 음성 분석하기
- 가수용 무선 마이크 주파수 체크하기
- 무선 마이크 배터리 체크하기
- 가수 인이어 체크하기
- 현장 확성음(PA)과 가수용 무대 모니터 스피커 레벨 체크하기
- 사전 녹화 시 음향 녹음 형태 체크하기
- 가수용 AR과 MR 체크하기

◀ 생방송 〈쇼! 음악중심〉 음향 부조정실. 드라마나 교양 프로그램은 대사 전달을 중시하는 반면, 음악 프로그램은 전체적인 음향 제작이 중요한 관계로 분리된 별도의 방에서 프로그램을 제작한다.

음향 감독과 음악 감독. 앞쪽은 음향 감독이고 뒤쪽은 가수의 노래를 틀어주는 음악 감독이다.

메인 음향 감독. 가수의 노래를 믹싱 하는 엔지니어

메인 음향 감독 옆에 위치한 서브 음향 감독. 가수 노래 이외의 모든 음향(타이틀과 CM, 사전 녹화 VTR, 브릿지 음악, 관객 함성 등)을 담당한다.

2—4 카메라 감독의 업무

쇼 프로그램에서 카메라 감독은 사전에 연출자와 협의한 카메라의 위치를 바탕으로 연출자가 대본이나 가사집에 샷에 대해 작성한 기본적인 콘티에 스스로의 감각을 더해 영상을 연출한다.

🎥 개요

카메라 감독은 스튜디오에서 드라마나 쇼, 그리고 예능과 교양의 토크쇼 녹화나 야외 중계 프로그램의 제작 시에는 연출자가 구성한 콘티 대본이나 정해진 내용을 숙지해야 한다. 그리고 드라이 리허설이나 카메라 리허설을 통하여 녹화나 생방송 시에는 스탠더드 카메라를 통하여 다양한 샷을 구사해야 한다.

카메라 감독의 업무는 프로그램의 제작 형태에 따라 연출자가 구성한 콘티의 유무와 리허설의 유무로 구분할 수 있다.

일반적으로 생방송 쇼 프로그램의 경우에는 사전에 연출자가 대본이나 가사집에 샷에 대한 콘티를 작성해 진행을 하는 편이고, 예능이나 일반적인 교양 토크쇼의 경우에는 카메라의 워킹이 쇼 프로그램 보다 움직임이 적기 때문에 정해진 약속대로 짜인 콘티를 스태프 회의를 통해 전달하는 편이다.

기본적인 카메라 감독의 구성은 방송사마다 조금씩 차이는 있지만 MBC의 경우에는 가장 오래되고 직급이 높은 카메라 감독을 2번 카메라의 선임 감독으로 구성하고, 다음으로 경험이 많은 카메라 감독을 1번 카메라 감독과 3번 카메라 감독으로 정한다.

🎥 생방송 쇼 프로그램(MBC 〈쇼! 음악중심〉)의 경우

- 스튜디오 진행 3~4일 전에 전체 스태프 회의하기
- 웹하드 등을 통해 음원과 가시집을 전달 받고 숙지하기
- 빠른 비트의 노래와 발라드 곡 확인하기
- 사전 녹화 가수와 생방송 가수 확인하기
- 연습용 동영상으로 기본적인 분위기와 가수 이름 숙지하기
- 음악 리허설부터 본인이 담당한 가수의 노래와 콘티 및 위치 확인하기
- EFP 카메라의 경우 카메라 보조와 카메라 동선 확인하기
- EFP 카메라 운용 시 세트 주변의 위험 요소 파악하기
- 지미집 운용 시 카메라 앵글이나 조명의 그림자에 대해 사전 체크하기

◀ 쇼 프로그램을 제작할 때 지미집 카메라와 이동용 카메라를 운용하고 있는 모습

◀ 〈쇼! 음악중심〉의 스탠더드 카메라 모습. 쇼 프로그램에서 스탠더드 카메라는 무대 정면에 별도의 거치대를 설치해 좌우 움직임이 없이 고정으로 운용한다. 스탠더드 카메라 거치대 앞에는 스탠딩 객석용 안전 펜스도 보인다.

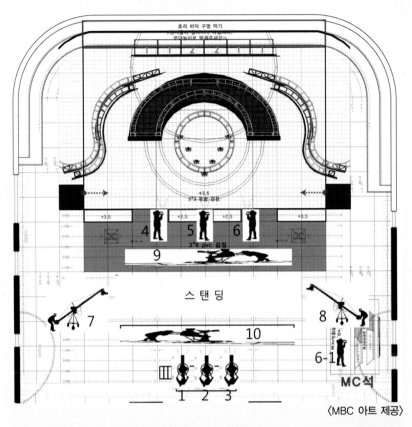

〈MBC 아트 제공〉

- 1, 2, 3번 카메라는 스탠더드 카메라로 주로 연배가 있는 고참 카메라 감독이 운용을 한다.
- 4, 5, 6번 카메라는 EFP 카메라로 운용을 한다.
- 7, 8번 카메라는 무대 좌우의 지미집 카메라로 운용을 한다.
- 9, 10번 카메라는 무대 바닥에 설치된 레일 카메라로 운용을 한다.

생방송 〈쇼! 음악중심〉 가사와 카메라 콘티 해설

자우림의 '스물다섯, 스물하나'

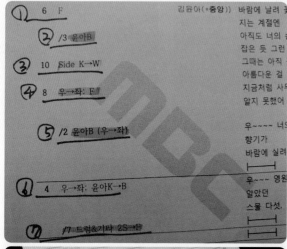

◀ 쇼 연출자가 작성한 카메라 콘티

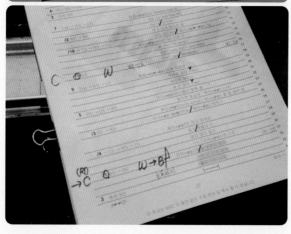

◀ 가사집에 표시한 카메라 감독 콘티. 붉은 사인펜으로 표시해 생방송이나 사전 녹화 시 진행한다.

① 6번 무대 앞 EFP 카메라로 가수 김윤아의 Full Shot 표시
② 3번 스탠더드 카메라로 김윤아의 Bust Shot
③ 10번 스탠딩 객석 뒤 Dally 카메라로 Side Knee Shot 표시
④ 8번 무대 오른쪽 지미집 카메라로 우에서 좌로 Full Shot 표시
⑤ 2번 중앙의 스탠더드 카메라로 김윤아 Bust Shot 표시
⑥ 4번 무대 왼쪽 앞의 EFP 카메라로 우에서 좌로 김윤아의 Knee Shot에서 Bust Shot으로 표시
⑦ 7번 왼쪽 지미집 카메라로 드럼과 기타의 2 Shot에서 Full Shot으로 표시

대담 프로그램이나 쇼에서 사용하는 무인 Dolly 카메라와 레일

Dolly 카메라 운용 모습. 왼쪽에 카메라의 포커스와 줌인을 담당하고 있는 카메라 감독의 모습이고 오른쪽은 좌우를 무인으로 조정하는 운용 엔지니어의 모습이다.

🎭 기본 업무의 진행 과정(생방송 〈쇼! 음악중심〉을 중심으로)

❶ 음원 듣기

연출 팀에서 웹하드에 올린 노래의 음원을 휴대폰이나 기타 저장 창치 (USB) 등을 이용하여 다운받아 반복하여 청취한다. 이때 웹하드를 통해 방송에 쓰인 전곡을 다운 받아 음원 듣기를 진행한다.

❷ 안무 동영상 확인

신인 가수나 안무의 동선이 복잡한 팀의 경우에는 기획사에서 제작한 연습실 동영상을 웹하드에서 확인하여 카메라 감독이 체크를 한다, 특히 가수의 연습실 동영상은 다른 제작 파트 보다 카메라 팀이 여러 번 영상을 체크하여 노래하는 가수의 이름이나 위치를 숙지를 해야 한다.

❸ 콘티 확인

목요일 오후에 연출이 표시한 가사집의 콘티를 중심으로 자기의 샷에 대해 체크를 한다. 생방송 당일 연출 팀에서 출력한 가사지를 보고 사전 녹화나 생방송에 대해 체크한다. 스탠더드 카메라의 경우에는 카메라 왼쪽에 위치한 카메라 보조가 방송 진행을 보면서 가사지의 콘티 대본을 넘겨가며 작업을 한다.

❹ 스태프 회의

기본적으로 화요일의 전체 감독 회의를 통하여 카메라의 대수를 확정하고, 방송에 대한 전반적인 내용을 토대로 카메라 감독과 먼저 간단한 회의를 거친다. 생방송 당일에는 다른 스태프와 함께 음악 리허설을 마친 후에 작업을 진행한다.

❺ 드라이 리허설

드라이 리허설은 생방송 당일 오전에 음악 위주로 진행을 하는 편이다. 출연할 가수가 옷에 본인의 이름표를 부착해 카메라를 비롯한 스태프에게 노래를 부르는 가수와 댄서의 안무 위치 등의 정보를 제공한다. 이때 가수가 가슴에 부착한 이름표와 콘티의 샷과 동선에 대한 체크를 반드시 해야 한다.

◀ 이동차에 장착된 카메라. 카메라의 수평을 잡아주는 측정기와 무게 균형을 위하여 미술 팀에서 사용하는 누름쇠(오모리)도 보인다.

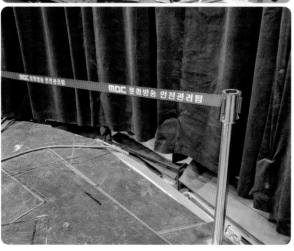

◀ 무대 뒤쪽의 간이 안전 펜스. 어두운 무대 뒤의 EFP 카메라 운용 시 카메라 감독의 부상 등을 방지하기 위하여 안전관리 팀에서 설치한다.

❻ 사전 녹화

사전 녹화는 카메라 조정과 스태프 회의가 끝난 9시 전후에 진행한다. 사전 녹화 시에는 필요한 별도의 카메라 장비 등을 준비하고, 가수마다 별도로 필요한 샷에 대해 반드시 카메라 감독과 상의하여 진행을 한다. 지미집이나 스태디캠의 카메라를 운용하는 경우에는 여러 번의 녹화를 통해 최적의 샷을 제작하여 편집에서 반영시키기도 한다.

❼ 카메라 리허설

카메라 리허설은 오전과 오후의 사전 녹화가 모두 끝나고 스튜디오 정리를 마친 후에 생방송에 출연할 가수와 사회자(MC) 위주로 진행한다. 특히 MC 진행 위주의 리허설은 시간 조정을 위하여 정확하게 체크하며 진행해야 한다.

▲ 3D 프로그램으로 본 사전 영상 시뮬레이션

❽ 생방송 진행

쇼 프로그램의 생방송의 경우에 카메라 감독은 스튜디오 내의 돌발 상황에 가장 민첩하게 대처해야 한다. 2005년도 〈음악캠프〉 생방송 시 모 그룹의 돌발 행동이 화면에 노출되어 방송 사고가 발생된 이후에 딜레이 생방송을 한 것이 지금까지 그대로 진행되고 있다. 〈쇼! 음악중심〉의 경우도 이러한 딜레이 생방송으로 진행된다.

스튜디오에는 스태프가 아닌 일반 방청객이 대다수이기 때문에 어느 곳에서도 돌발 상황이 발생할 수 있다. 때문에 카메라 감독은 샷에 항상 긴장을 해야 한다.

카메라 관련 돌발 상황에 대처하는 방법

- 객석에서 관객에게 문제가 발생했을 때 카메라 감독은 문제가 발생한 반대쪽으로 앵글을 잡도록 해야 한다.
- 가수나 안무자가 실수로 무대에서 넘어지는 경우에는 넘어진 사람을 피해 다른 샷을 잡거나 Full Shot으로 앵글을 처리한다.
- EFP 카메라가 있는 어두운 곳에서는 감독이 사고를 낼 수 있으므로 카메라 보조와 함께 사전에 주위를 살펴 점검해야 한다.

2-5 영상 감독의 업무

영상 감독은 10대 이상의 카메라를 모니터 하며 영상을 만들기 때문에 돌발 상황에 대한 순간 대처 능력이 요구된다. 카메라를 10대 이상 사용할 때는 2명의 영상 감독이 함께 하기도 하며, 조명 감독과 협의해 영상을 제작한다.

🎦 개요

영상 감독은 스튜디오 녹화나 생방송 시 카메라를 비롯한 부조정실 영상 관련 장비에 대한 전반적인 조정과 운용을 담당하며, 기술 감독을 도와주고 조명 감독과 영상에 대하여 의견을 교환하여 프로그램을 제작하는 엔지니어를 말한다. 스튜디오 영상 감독을 스튜디오 컬러리스트라고 표현하기도 한다.

영상 감독의 업무는 크게 쇼와 드라마 교양 프로그램을 나누어지고 여기서는 쇼 영상 감독의 업무를 다루고자 한다. 생방송 쇼 프로그램의 경우 10대 이상의 카메라를 모니터 하며 제작을 해야 하기 때문에 돌발 상황에 대하 순발력과 대처 능력이 요구되고 카메라를 10대 이상 사용하는 특별한 프로그램의 경우 2명의 영상 감독이 함께 업무를 하기도 한다.

매주 생방송으로 제작되는 MBC 〈쇼! 음악중심〉의 영상 감독 업무를 중심으로 정리해 보았다.

🎬 제작 과정(생방송 〈쇼! 음악중심〉의 경우)

- 기획사가 보내 준 가수의 연습 장면 동영상 체크하기
- 연출자의 콘티 체크하기
- 부조정실의 생방송 장비(스위쳐와 카메라 주변 장비 등) 체크하기
- 사전 녹화 내용과 생방송 내용 체크하기
- 연출자와 사전 녹화 스케줄에 대해 체크하기
- 사전 녹화와 생방송의 시간 계산 체크하기
- 생방송 시 방송 사고에 대한 비상 시스템 체크하기

🎬 생방송 당일 업무

07시	- 출근하여 전원 상태 확인하기 - 영상 장비(VMU) 파워 ON하기 - 메인 스위쳐와 비상 스위쳐 체크하기 - 전일 녹화 시 장비의 이상 유무 체크하기 - 큐시트 확인하기 - 사전 녹화와 생방송에 대해 체크하기 - 음악 리허설 직후 카메라 조정(어라인)하기 - 카메라 조정 시 주변의 불필요한 조명과 영상 off시키기 - 카메라 조정에 비추는 팔로우핀 조명의 색온도 확인하기 - 스튜디오 포그 상태 확인하기 - 스탠더드 카메라와 EFP 카메라의 분리·조정하기 - 사용 카메라의 인터컴의 상호 체크와 백포커스 확인하기 - 녹화 서버실 정상 여부와 녹화 여부 체크하기 - 스튜디오에 설치된 각종 모니터의 전원과 영상 소스의 정상 작동 여부 체크하기 - 세트 배경에 설치된 LED 영상 소스의 밝기 체크하기 - 조명 감독과 전반적인 영상 제작에 대한 의견 교환하기 - 연출자와 특수 렌즈 사용에 대해 체크하기 - 공조실에 스튜디오 냉난방과 환기 여부 체크하기
12시	- 사전 녹화 종료 후 녹화 상태 확인과 점심식사하기
13시 오후	- 사전 녹화 시작하기
14시 10분	- 본 방송 카메라 리허설하기 - 영상 장비의 이상 유무 체크와 신속히 정비하기 - TV 주조정실(방송 송출실)의 영상과 음향의 최종 체크하기 - 사전 녹화 테이프 확인하기 - 딜레이 방송의 경우 마지막 방송까지 방송 모니터 체크하기

🎬 생방송을 마치고

- 카메라 전원 끄기
- EFP 카메라를 별도의 장소에 입고시키기
- 영상 장비의 이상시 정비 팀에게 고지하기
- 스탠더드 카메라의 창고 입고 확인하기
- 부조정실 영상 관련 전원 끄기

◀ 생방송 〈쇼! 음악중심〉 영상 감독의 모습. 조명 감독 옆에 위치하면서 전체 전체적인 영상미에 대한 이야기를 하면서 프로그램을 제작한다.

◀ 생방송을 준비 중인 부조정실 전체의 모습. 영상 감독은 생방송을 위한 회선 및 영상 시스템 전체를 관리 운영한다.

2—6 녹화 감독의 업무

생방송 쇼 프로그램에서의 녹화 업무는 방송 당일 사전 녹화가 40~50% 이상인 관계로 제작 때 많은 신경을 써야 하고, 방송 직전에 편집되어 온 제작 영상물에 대한 사전 체크가 필수이다.

개요

일반적으로 프로그램의 녹화 업무는 드라마와 예능, 시사 교양 프로그램의 3가지 형태로 이루어지고 생방송의 경우는 뉴스와 시사 교양 그리고 생방송으로 진행하는 쇼 프로그램으로 나누어진다.

스튜디오에서 녹화 업무는 1차 부조정실 녹화, 2차 편집실에서 편집, 3차 종합편집실에서 최종 편집으로 구성되는데 그 중 첫 번째에 해당되는 영상과 음향의 마지막을 수용하고 책임지는 업무이다.

드라마와 예능·교양 프로그램 녹화의 경우 부조정실에서 녹화된 서버나 파일을 미디어스테이션으로 보내고 확인 하는 과정을 체크하고 모니터한다.

쇼 프로그램 생방송의 경우 방송 당일 사전 녹화가 40~50% 이상인 관계로 제작 시 많은 신경을 써야 하고 방송 직전에 편집되어 온 영상물에 대한 체크가 필수이다. 최근에는 녹화 감독을 '서버 매니저'라고 부르기도 한다.

녹화 방법

최근 제작 형태는 테이프보다 서버나 파일로 녹화 방법이 바뀌고 있고 빠른 시일에 드라마를 비롯한 스튜디오 녹화 시스템이 테이프에서 서버 녹화가 주류를 이룰 것이라 본다.

서버 녹화의 장점은 '다시보기'가 용이하고 '무한 복제'가 가능하며 테이프의 열화로 인한 원본의 손실이 거의 없고 스튜디오에서 제작되고 있는 카메라 대수만큼 모두 장면의 녹화가 가능하기 때문에 편집자가 편집 시 사용할 수 있는 '보충 영상'이 풍부하다는 것이다.

그리고 녹화 도중 문제가 있는 장면을 순간 클릭하면 녹화 후 빠르게 찾을 수 있는 점이 편리하다.

단점은 컴퓨터의 작은 클릭으로 인한 실수가 녹화에 손상을 가져올 수 있고 녹화 확인의 실시간 모니터가 아직은 어려운 편이고 PC 기반이므로 기기의 과열 등으로 인한 다운이나 버그의 우려가 생길 수 있으나 최근 장비의 업그레이드로 단점이 서서히 보완되고 있다.

MBC의 경우 자체 개발한 e-Xerver라는 프로그램을 사용하고 있는데 1대의 PC가 2개의 채널을 운용할 수 있어서 드라마 녹화 시 5대의 모든 카메라의 동시 녹화가 가능하다.

〈쇼! 음악중심〉의 경우 7대의 서버를 운영 중이고 14개의 소스를 처리할 수 있다.

🎬 서버의 송출

녹화된 내용의 송출은 제작한 모든 영상이 모아지는 미디어스테이션[네트워크 기반 제작 시스템(Network Production System)]으로 보내지는데 1초에 약 900mb의 영상을 보낸다.

NPS실로 간 내용은 바로 해당 편집실로 보내지고 부조정실에서 녹화된 원본은 미디어 스테이션에서 보관한다.

🎥 생방송 〈쇼! 음악중심〉 당일 녹화 업무 일정

06시 전후	• 출근 • 영상 장비의 전원 공급과 점검하기 　– 전원을 켜는 기기가 많아 5분 이상 걸림. 전자기기는 전원을 투입하는 경우 　　에러가 많이 발생하기 때문에 유의해야 한다. • 서버 장비의 점검하기 　– 컴퓨터를 기반으로 운용이 되기 때문에 버크나 기타 운용 체계에 대한 확인 　　필요하다. • VPB는 테이프을 기본적으로 사용하고 사전 녹화는 서버로 녹화하기 　– 제작 현장에서 서버를 많이 사용하고 있으나 〈쇼! 음악중심〉에서는 아직 서버 　　를 100% 사용하지 않고 있다. • 타이틀과 CM 체크와 이중 복사(현장에서는 PARA 녹화라고 함)하기 • 스튜디오 드라이 리허설 시 전 CM 이중 복사하기 • 전 CM과 타이틀 제작 시 자막도 동시 작업을 진행하기 　– 기술 감독, 조연출, 음향 감독이 참여하고 전 CM에 들어가는 각종 자막과 음 　　악 등을 체크해 타이틀과 전 CM을 제작한다. 　– 타이틀과 전 CM 자막을 제작하면 동시 이중 복사를 병행한다.
09시	• 사전 녹화 시작(서버로 녹화)하기 　– 사전 녹화는 8~10곡 정도 제작하고 서버 녹화와 동시에 미디어스테이션으로 　　보내 음중 NLE 편집실로 보내진다.
14시까지	• 사전 녹화 진행하기 • 사전 녹화분의 입고는 테이프로 제작하기 　– 편집된 테이프의 시간 체크와 영상의 뒷부분 길이를 확인한다. 　– 테이프 뒷부분에 여유가 없는 경우에는 방송 시 사고의 원인이 될 수도 있다. 　– 사전 녹화분은 백업할 시간이 없어 무편집된 테이프로 사용한다.
14시 30분	• 카메라 리허설 진행하기 　– 사회자의 멘트나 플레이하는 테이프와의 시간을 체크한다. • 딜레이 서버 체크하기 　– 〈쇼! 음악중심〉은 돌발 사고의 방지를 위해 5~10분 딜레이 생방송으로 진행 　　한다. 　– 3개의 테이프 플레이어 중 2대는 메인이고 한 대는 백업으로 동시 플레이 진 　　행한다. 　– 향후 녹화분 전부가 파일 기반으로 진행되리라 본다.
생방송	• 시작

◀ 〈쇼! 음악중심〉 녹화실 모습. 녹화실에서는 2명의 녹화 담당자가 근무를 한다.

◀ 딜레이 생방송 녹화 서버 모니터의 모습.

2—7 음악 효과 감독의 업무

쇼에서 음악 효과 감독은 대학의 작곡과나 실용음악을 전공한 학생이나 관련 아카데미 등에서 음악에 대한 소양을 익혔으며, 음악을 취미로 가져서 평소에 음악에 대한 관심이 많은 사람이 입문을 한다.

🎬 개요

방송에서 음악은 매우 중요한 요소이고 프로그램에 많은 영향을 미치는 파트 중의 하나이다.

생방송 제작 시 음악은 시작의 타이틀 음악부터 마지막 끝의 타이틀 음악까지 대사가 없는 부분의 소리를 책임지고 있다.

음악 효과 감독은 대학의 작곡과나 실용음악을 전공한 학생이나 관련 아카데미 등에서 음악에 대한 소양과 취미가 있고 평소에 음악에 대한 관심이 많은 사람이 입문을 하게 된다. 통상 최초 2~3년간은 선임 음악 효과 감독의 지시 하에 곡의 선정부터 음악에 대한 정리 등의 기초 업무들을 배우게 되는데, 처음에는 선곡이 많지 않은 프로그램이나 간단한 교양 프로그램부터 시작하게 된다. 음악 감독이 되기 위한 과정은 정확한 매뉴얼보다 선임 음악 효과 감독에게 배우는 도제 시스템이 매우 강한 편이다.

여기서는 〈쇼! 음악중심〉에 가수의 음원을 재생하는 음악 효과 감독 업무에 대해 소개하고자 한다.

🎥 업무의 진행 과정(〈쇼! 음악중심〉을 기준으로)

방송 2~3일 전	• 조연출, FD 등과 금주의 음원 정보를 교환하기
목요일 (생방송 2일 전)	• 타이틀이나 가수 ID 등의 음악을 의뢰받기 – 가수 ID 등은 소속사에서 음원을 주는 편이고, 소속사가 없는 경우에는 음악 감독이 선곡해 편집을 한다. – 가수 ID의 경우 일주일에 2~3개에서 많은 경우에는 5~7개 정도 제작한다.
금요일 (종합 편집 시작 전)	• 타이틀 및 가수 ID 음악을 완성하여 연출 팀에 전달하기
토요일 아침	• 생방송하기 – 최종 음원을 전달받아 음악 리허설부터 가수의 MR이나 AR을 부조정실에서 재생한다. – 음악 재생 시 음원에 문제가 있는 경우 조연출에게 연락해 음원을 다시 받기도 한다.

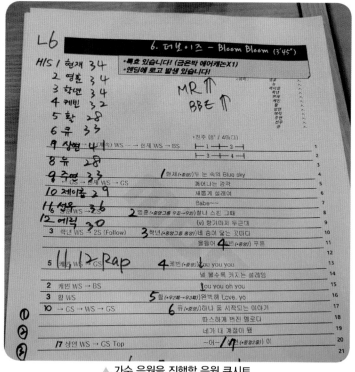

▲ 가수 음원을 진행할 음원 큐시트

◁ 〈쇼! 음악중심〉 음향실의 음악 효과 감독 모습. 음향 감독 뒤에 위치하고 있고 별도의 음향 콘솔을 사용한다.

◁ 음악 재생 장치. MIROS라는 PC 기반 재생 장치로 라디오 생방송에서도 사용한다. 음악 감독이 음원을 다운받아 재생 목록을 만들고, 음원 시작 지점 등을 편집하여 수동으로 재생한다. 통상 메인 장치와 백업 장치 2대를 동시에 운용하여 방송 사고에 대비한다.

3장 무대 시스템 파트

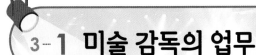

3-1 미술 감독의 업무

미술 감독은 자신이 담당한 쇼의 각종 자료를 수집하고 분석하여 공간 디자인을 통해 해당 쇼에 어울리는 배경과 분위기를 만드는 무대에 대한 시각적 요소의 총 책임자이다.

👾 개요

미술 감독은 무대 디자인 즉, 쇼의 콘셉트를 분석 및 재해석하여 공간 디자인을 통해 해당 쇼에 어울리는 배경과 분위기의 무대를 만드는 역할을 한다. 무대 디자인도 방송, 콘서트, 뮤지컬, 연극 등의 장르에 따라 공간의 특징과 명칭 등에 다소 차이가 있기 때문에 여기서는 TV 음악 쇼 프로그램에 제한하여 설명하도록 한다.

쇼 프로그램에 있어 미술 감독의 디자인 과정은 주로 단독으로 이루어지는 경우가 대부분이지만, 그들의 업무가 디자인 뿐 아니라 제작 감리, 감독 및 진행 전반을 담당하기 때문에 쇼의 규모와 작업량에 따라서 서브 디자이너가 추가로 배정되기도 한다. 또한 대부분의 방송사의 경우 미술 감독이 다양한 장르의 다양한 프로그램을 동시에 진행하는 경우가 많기 때문에, 이들의 업무는 매우 복잡하다.

일반적인 미술 감독의 업무와 달리 쇼 프로그램의 미술 감독은 쇼에서 가장 기본이 되는 무대 공간을 만들기 때문에 미술은 물론이고 카메라, 조명, 기술 등 쇼에 대한 폭넓은 지식과 이해가 요구된다. 기본 공간에 대한 기술적 이해, 사용하고자 하는 구조물의 크기와 무게, 카메라의 위치, 조명의 각도와 위치,

스태프 및 출연자의 동선, 스피커의 크기와 위치 등 무대와 관련된 모든 것들이 미술 영역과 연결되기 때문에 방송 제작 전 영역에 대한 이해가 필요하다. 또한 무대 제작을 담당하는 각 분야의 사람들과 긴밀히 협의하고 결정을 내려야 하는 일이 많기 때문에 원활한 소통 능력과 빠른 판단력이 요구된다.

🎬 업무의 진행 과정

① 프로그램 배정하기
② 콘셉트 분석하기
③ 콘셉트 설정, 장소, 일정 및 예산 공유하기
④ 자료 조사하기
⑤ 콘셉트 확정하기
⑥ 초기 디자인 작업하기
⑦ 디자인 수정하기
⑧ 예상 견적 산출하기
⑨ 디자인 최종 확정하기
⑩ 제작 발주하기
⑪ 세트 제작하기
⑫ 세트 설치하기
⑬ 녹화 진행하기
⑭ 녹화 종료 및 철수하기

이와 같이 미술 감독의 업무 과정은 연출의 의도를 시각적으로 풀어내는 과정이며, 끊임없는 협의의 과정이자 창조의 과정이다. 드라마의 경우에는 대본이 곧 분석의 대상이지만, 음악 쇼 프로그램의 경우에는 음악과 안무 등이 곧 분석의 대상이다. 따라서 미술 감독은 음악을 반복적으로 듣고 또 들으며, 떠오르는 장면과 영감들을 스케치하고, 추가적인 자료 조사와 기술적 분석 등을 통해 콘셉트를 정하게 된다.

이렇게 만들어진 콘셉트는 연출진과 무대의 형태, 장치, 종류, 크기, 색상 등을 치밀한 협의 과정을 통해 논의·결정하고, 이러한 결정들 바탕으로 디자인 도면으로 완성된다. TV 음악 프로그램의 경우에 아티스트의 공연은 무대 한 가운데서 이루어지지만 콘티에 맞게 무대 곳곳에 배치된 카메라의 영상을 통해 또 다른 사이즈와 다양한 느낌의 그림들이 만들어 질 수 있다.

때문에 카메라에 비추어질 무대의 모습을 미리 예상하고 무대 세트를 디자인해야 한다.

미술 감독의 주 업무는 디자인이지만 디자인을 잘하는 것은 기본이고, 연출과 무대, 무대와 스태프를 연결해 주는 징검다리이자 조력자의 역할도 해야만 한다.

무대 설치 과정에 있어서는 팀별 업무 속도와 시간 방법 등을 고려하여 시간 안에 안전하게 설치 할 수 있도록 조율을 해야 한다. 특히 쇼 무대의 경우 트러스. 레이어. 특효. 철물. 전식 등 다양한 협력 업체들과 함께 작업을 하기 때문에 협력 업체들 간의 협의와 조정을 잘 이끌어주는 역할도 중요하다.

TV 음악 쇼 무대 디자인의 경우에는 드라마나 영화 장르와는 달라야 하는데, 그 이유는 쇼가 드라마나 영화 장르보다 진행의 호흡이 매우 빠르기 때문이다. 일반적으로 방송의 쇼 무대는 주간 단위로 정기 편성이 되어 있기 때문에 빠르게는 일주일 만에 디자인부터 방송까지 진행하는 경우가 대부분이다. 이러한 상황으로 인해서 많은 회의와 고뇌를 거쳐서 완벽에 가까운 디자인을 한다고 해도 현장에서 벌어지는 다양한 변수들이 생기기 마련이며, 이에 따른 디자인 변경도 감수해야 한다. 따라서 미술 감독은 이러한 현장의 시간과 상황에 따라 발생될 수 있는 많은 변수들을 미리 예측하고 판단하여 빠르게 대처해야 한다.

▲ 최근에는 많은 미술 감독들이 3D 컴퓨터 프로그램으로 디자인을 하기 때문에 디자인된 무대의 모습을 바로 모니터를 통해 3D로 재현할 수 있다. 덕분에 오류의 과정을 줄이고 현장에서 발생할 수 있는 많은 문제들을 미리 예견하고 대처할 수 있다.

◀ 미술 감독이 무대 디자인을
하고 있는 모습

◀ 무대 디자인을 미니어처로
제작하는 모습

◀ 제작된 무대를 감수하는 미
술 감독의 모습

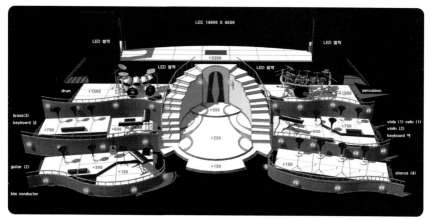

▲ 3D 컴퓨터 프로그램으로 디자인된 무대 모습

　최근에는 컴퓨터 기술이 발달하여 디자인한 무대의 입체적인 모습을 모니터 화면을 통하여 미리 볼 수 있다. 하지만 얼마 전까지만 해도 무대를 디자인한 뒤에 미니어처로 제작해야 무대의 전체적인 모습을 예측해 볼 수 있었다.

▲ 미니어처로 재현된 무대 모습

3···2 무대 제작 및 설치 업무

무대 제작 및 설치 업무는 미술 감독의 무대 디자인을 현실화시켜 실제 무대로 제작 및 설치 해주는 업무이다. 무대의 뼈대와 살을 제작하는 가장 근본적인 업무로 작업의 특성상 안전을 가장 최우선적으로 고려하는 것이 중요하다.

개요

무대 제작 및 설치 업무는 쇼가 이루어질 공간에 미술 감독이 디자인한 도면을 바탕으로 각종 재료 등을 이용하여 도면상의 디자인을 현실화시키는 업무이다.

무대 제작 업무는 MBC의 경우에는 크게 세 개의 파트로 나누어지는데, 미술 감독의 기획과 도면 작업에 참여하는 '기획 파트'와 설계도에 따라 무대를 제작하는 '제작 파트', 도면에 따라 세트를 설치, 조립, 철수하는 '운영 파트'로 구분된다.

미술 감독들은 실제 세트의 제작 경험이 없는 경우가 대부분이기 때문에 실제 제작과 설치를 담당하여 해당 프로젝트를 진행하고 팀을 이끌어 나아가는 각 세트 팀장의 역할은 매우 중요하다.

각각의 세트 팀장들은 미술 감독의 의도를 정확히 파악하여 제작이 물리적으로 가능한지 가능하지 않은지를 판단하여 그와 관련한 모든 정보를 미술 감독에게 제공하여 협의를 한다. 이들 팀장들은 제작물이 나올 때 까지 제작도면, 제작 인력, 작업 스케줄, 인력과 도구의 운용 등 무대 제작의 시작부터 끝까지 모든 과정을 관리하고 조율하는 역할을 한다.

기획 파트에서는 미술 감독의 디자인을 바탕으로 먼저 세트 제작의 경험과 경력이 많은 세트 팀장(담당 조장)들이 예산과 기능, 특성, 부피, 무게, 순서, 안전 등을 고려하여 효율적인 제작 방법을 기획한다. 다음에는 내부에서 세트 제작이 가능한 것과 외부 발주 및 수정이 필요한 부분들을 무대를 디자인한 미술 감독 등과 협의하여 진행하게 된다.

제작 파트에서는 세트 제작이 용이한 제작 방법을 검토하여, 제작도를 바탕으로 세트 제작 작업실에서 해당 세트를 제작하게 된다. 또한 목재로 시공할 수 있는 부분과 철물, 아시바, 레이어, 트러스, 유리, 스티로폼 등으로 시공할 수 있는 부분을 구분하여, 협력사의 도움이 필요한 부분들은 외부 협력사들에게 발주하여 세트 제작을 진행한다.

일반적으로 세트는 나무로 골조를 만들지만 쇼의 경우에는 다수의 조명, 영상, 효과 장비의 하중을 버텨야 하기 때문에 트러스나 레이어 등의 구조물과 복합적으로 사용되는 경우가 많다. 따라서 수시로 도면을 확인하고 서로의 계획을 교환하여 세트의 조립과 분해에 차질이 없도록 해야 한다. 또한 사전에 세트의 보관 공간과 운송 등을 고려하여 스튜디오에서 세트의 제작과 철수가 용이하도록 하는 것이 중요하다. 방송국의 스튜디오는 효율성과 생산성을 위해 짧은 시간 동안에 설치, 촬영, 철거의 상황을 주기적으로 반복하기 때문에 안전성을 전제로 한 빠른 세트의 조립과 철수는 매우 중요하다.

조립 파트에서는 분리와 조립이 용이하도록 제작된 세트를 스튜디오로 가지고 와서 평면도 혹은 입체 도면에 의거하여 설치 작업을 실시한다. 세트의 고정과 높이 조정을 위해 바턴에 와이어를 설치하여 세트를 공중에 매달거나 못이나 피스 등을 이용해 바닥과 세트 간의 고정 작업을 한다. 세트의 규모에 따라 세트의 조립 시간은 다소 차이가 있지만 〈쇼! 음악중심〉의 경우에는 생방송 전일 8~10시간 정도의 시간이 소요된다.

■ 업무의 진행 과정

① 미술 감독의 도면 확정하기
② 상세 제작도를 검토하고 예산 산출하기
③ 제작도를 바탕으로 제작물을 검토하고 외부 발주하기
④ 제작물을 실제로 제작하기
⑤ 제작물 검수하기
⑥ 제작물을 스튜디오로 이동하기
⑦ 무대를 셋업하고 조립하기
⑧ 방송 및 철수하기

　본 업무는 쇼의 주 배경이 되는 무대를 물리적으로 건설하는 일이기 때문에 안전과 밀접한 연관이 있다. 세트 작업자뿐만 아니라 해당 무대에서 공연을 하는 아티스트나 공연을 보러 온 관객의 안전과도 직접적인 관련이 있기 때문에 모든 결정에 있어 안전을 최우선으로 하여 업무에 임해야 한다.

◀ 배튼과 모터를 이용하여 무대의 상층부에 설치될 트러스를 고정하고 조립하는 모습

　일반적으로 무대 제작은 높이와 무게 때문에 무대의 상단부터 하단으로 순서를 정하여 작업한다.

◀ 무대가 제작되는 모습을 상부에서 바라본 모습

　배튼의 허용 중량을 미리 계산하여 구조물과 세트가 잘 들어 올려 질 수 있도록 하는 것이 안전상에 중요하다.

◀ 목재, 천, 철 등 다양한 소재들이 복합적으로 사용되어 만들어진 무대의 모습

　무대 제작은 여러 협력업체들이 동시에 작업해야 하므로 서로 간의 소통과 시간 조율이 매우 중요하다. 또한 구조물과 세트, 장비들이 약속된 공간과 크기에 적합해야 하므로 세트에 대한 서로 간의 협의가 매우 중요하다.

무대 상단부가 완성되면 상단의 마감과 무대 바닥의 디테일 작업 들이 동시에 이루어진다.

〈쇼! 음악중심〉의 경우 생방송 전일 무대 설치 작업을 하며, 세트 제작실 에서는 용이한 설치를 위해 설치 작업 이전부터 단위 제작을 실시한다.

무대의 중요성이나 규모에 상관없이 무대 제작이나 설치는 기계가 대신 할 수 없는 업무이다. 우리는 이러한 업무 진행자들의 시간과 노력의 결과 덕에 아름다운 무대를 감상할 수 있다.

3-3 무대 전기 장식 업무

무대 전기 장식 업무는 조명과 더불어 쇼의 톤과 분위기, 더불어 세트의 라인을 돋보이게 하는 역할을 한다. 따라서 조명과 세트와의 호흡이 매우 중요하며 세트의 조형적인 부분과 음악을 모두 이해하여만 한다.

개요

무대 전기 장식 업무는 DVI(Digital Visual Interface) 방식의 LED BAR 및 네온, 무대 간판, 은하수, DMX(디지털 조명제어 통신 네트워크) LED 등을 설치 및 운영하는 무대 전식과 장치에 전기를 공급해서 빛을 내는 인테리어적인 각종 등 기구를 설치하는 무대 전기 장식으로 구분되어 진다.

무대 전기 장식은 '전식'이라 불리며, 전등이나 조명 등을 이용하여 물체의 윤곽이 드러나도록 한 옥외 장식을 말한다. 일반 조명과 달리 무대에서 인테리어적인 요소로 세트의 라인과 형태, 배경, 포인트의 역할을 한다. 최근 LED의 급속한 발전으로 전식의 무게와 밝기, 소모 전력, 가격 등이 크게 개선되어 수요가 점차 늘고 있다.

일반적으로 무대 전기 장식 업무를 위한 팀은 설치&해체 팀, 진행 팀, 오퍼레이터, 장비 보수 팀, 전식 제작 팀으로 구성되어 있다.

설치&해체 팀은 무대 디자인 파악 후 도면에 따른 전식 설치, 설치 중 문제 발생 시 미술 감독과 협의, 녹화 종료 후 안전하게 철수하는 역할 등을 담당한다.

진행 팀은 녹화나 생방송 도중 설치한 장치들에 문제 발생 시 이를 차질

없게 신속한 장비로 교체 또는 대체하는 역할을 담당하며, 오퍼레이터는 무대 점검 후 메모리 작업 및 수정, 생방 및 녹화 진행을 담당한다. 장비 보수 팀은 설치 팀 및 진행 팀이 문제 장비를 파악한 후에 전달하면 해당 장비를 유지 보수하는 역할을 담당한다.

제작 팀은 미술 디자이너 요청에 따른 전기 효과 장비 제작, 구매, 장비 개발, 잔넬, 네온 제작 등을 담당한다.

🎭 업무의 진행 과정

① 미술 디자인 팀과의 미팅 및 협의하기
② 도면 사전 점검하기
③ 무대 각 팀과 스케줄 조율하기
④ 무대 전기 장식 설치하기
⑤ 오퍼레이팅하기
⑥ 장비 회수를 위한 해체 작업하기

무대 전기 장식 업무는 일반적으로 외부 협력업체가 담당하며, 협력업체의 해당 쇼 프로그램의 담당자는 전식 사용 시 미술 감독이 설정한 콘셉트와 보다 효율적인 효과를 위해 컨설팅 및 자체적인 기술 개발을 실시하기도 한다.

대부분의 전식이 세트에 부착되기 때문에 미술팀 또는 무대 제작 팀과 긴밀히 협력해야 하며, 어떤 문제가 발생할지 모르는 것에 대비하고 문제 발생 시 신속히 대처 할 준비가 되어있어야 합니다. 특히 오퍼레이터의 경우 음악적인 박자 감각과 분위기에 따른 컬러 감각, 순발력 등이 요구된다.

세트에 전기 장식을 부착하
는 담당자의 모습

무대 전기 장식의 운영은 크게 DMX와 DVI 두 가지 방식으로 운영되며, DMX 방식인 경우에는 조명 콘솔을, DVI 방식의 경우에는 PC를 이용하여 컨트롤을 한다. 음악의 구성에 맞도록 타임라인에 해당 영상 소스를 얹어 운영한다.

공연이 진행되는 무대 옆에
서 LED 전기 장식을 오퍼
레이팅 하는 모습

◀ 전기 장식이 부착된 세트의
모습

◀ 세트의 안쪽 혹은 가장자리
에 부착되어 세트의 선을
돋보이게 하는 전기장식의
모습

◀ 무대의 인테리어적인 조명
은 전식 팀이 설치와 운영
을 담당하지만 때때로 원활
한 무대 연출을 위해 운영
을 조명 팀이 담당하기도
한다.

3···4 무대 조명의 설치 업무

조명 설치 업무는 조명 감독의 조명 디자인을 현실화시켜 조명 시스템을 구축하는 업무이다. 조명 감독의 의도를 정확히 파악하여 조명 디자인을 분석, 이에 적합하고 오류 없는 조명 시스템 구축이 목표이다.

개요

무대 조명의 설치 업무는 조명 감독의 톤과 콘셉트가 담긴 조명 디자인을 현실화시켜 조명 시스템을 구축하는 역할을 담당한다. 조명 디자인을 분석하여 조명 감독의 의도를 정확히 파악하고 이에 적합하도록 오류 없는 정확한 조명 시스템을 구축하는 것이 이들의 업무이다. 이들의 업무는 설치 뿐 아니라 조명 기기의 운영과 관리까지도 담당한다.

MBC의 경우에서 조명 감독 업무는 MBC 소속의 담당자가 담당한다. 무대 조명 설치 업무의 경우에는 외주화가 되어서 협력사에서 이 업무를 담당하며, 필요한 장비들도 추가로 임차하여 사용한다.

조명의 기능은 기본적 기능과 심리적 기능으로 나눌 수 있으며, 조명 감독은 미술 디자인에다 창조적인 조명 연출을 통해 위의 기능들을 모두 담아 하나의 조명 디자인을 탄생시킨다. 이는 쇼의 톤과 분위기를 결정하는 매우 중요한 요소이며, 조명 감독은 이러한 조명 연출을 위해 적합한 장비를 선정하여 필요한 위치에 설치하도록 조명 디자인에 표기한다.

수석 테크니션은 조명 감독과의 주요 소통을 담당하며 현장의 총 진행을 담당하는 역할을 하며, 조명 감독의 디자인을 분석하여 실제적으로 해당 디자인이 현실화시키는데 있어 무리가 없는지를 판단하여 이를 조명 감독과 의견을 나눈 후 자신의 스태프들에게 장비 설치와 연결을 지시한다. 각 스태프들은 조명 디자인을 보고 해당 위치에 조명을 설치하고, 전기 담당자와 신호 담당자가 각 기기에 전원과 DMX라고 불리는 조명 신호선을 배선한다.

조명 오퍼레이터는 조명 감독에게 전달 받은 조명 큐시트를 바탕으로 설치된 조명 기기를 곡마다 어떻게 운영할 것인지를 콘솔에 저장하는 프로그래밍 과정을 실시하게 된다.

공연 시에 조명 오퍼레이터는 조명 감독과 함께 부조정실에서 프로그래밍 된 큐를 실행하며 녹화에 임하게 된다.

일반적인 콘서트 조명과 달리 방송 쇼 조명은 인물 조명과 화면의 구성, 조명 간의 밸런스 조정에 있어 큰 차이가 있다. 특히 클로즈업, 바스트 샷 등이 가능하기 때문에 이에 따른 인물 조명이 반드시 필요하며, 안무의 포인트와 카메라의 배치와 구성에 따른 조명 배치가 요구된다.

🎬 업무의 진행 과정

① 조명 디자인 회의 및 디자인 수령하기
② 디자인 분석하기
③ 디자인 정리하기
④ 조명 장비 이송하기
⑤ 조명 장비 설치하기
⑥ 전원 및 신호선 작업하기
⑦ 신호 테스트와 에러 검출하기
⑧ 포커싱하기
⑨ 프로그래밍하기
⑩ 리허설과 수정 작업하기
⑪ 공연에 따라 진행하기
⑫ 철수하기

이와 같이 무대 조명의 설치 업무는 조명 감독의 콘셉트와 구상을 현실화시켜 주는 매우 중요한 역할을 한다. 따라서 조명 감독의 의도와 콘셉트를 정확히 파악하여 이를 현장에 전달하고 서로 간에 공유해야 한다. 특히나 우리가 핀 조명이라고 부르는 팔로우 스팟과 같이 사람이 직접 조명 기기를 운영해야 하는 경우에는 구체적인 의사소통을 통해 운용에 문제가 없도록 하는 것이 필요하다.

쇼 조명의 경우에는 수십 혹은 수백 대의 조명 기기가 하나하나 빛을 내어 전체적인 톤과 분위기를 만들어 내는데, 이는 마치 개별의 악기가 소리를 내어 하나의 아름다운 교향곡을 만들어내는 오케스트라와 비슷하다고 볼 수 있다. 따라서 각 조명 기기의 특성과 빛의 특징 등을 정확히 파악하고 운용해야 한다.

포커싱 작업이란 여러 개의 조명 기기가 특정한 패턴이나 형태를 가질 수 있도록 조정하는 작업을 의미한다. 조명 기기의 설치 작업이 끝난 후에야 해당 포커싱 작업이 진행되며, 일반적으로 풀샷 카메라의 위치에서 본 작업을 실시한다.

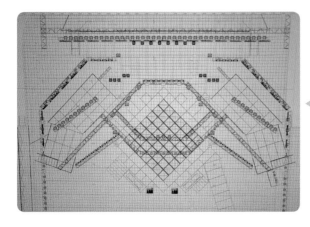

◀ 조명 디자인 툴을 활용하여
그린 조명 디자인

수석 테크니션은 조명 감독과 조명 디자인을 보며 실제 설치 시 발생할 수 있는 부분들을 사전에 고민하고 논의하여 발생 가능한 문제들에 대처한다.

◀ 트러스라는 구조물에 설치
된 조명 장비의 모습. 트러
스는 직선봉을 삼각형 형태
로 연결 조립한 골조 구조
물이다.

일반적으로 조명 장비들은 부피가 크고 무게가 무겁기 때문에 조명을 위한 배튼이나 트러스 구조물에 부착된다. 이 때 조명 장비마다 기능과 용도가 다르게 때문에 해당 장비들의 특성을 파악하고 쓰임에 맞도록 사용해야한다. 따라서 조명 감독의 디자인을 통해 이러한 기능과 용도, 감독의 의도를 정확히 파악하고 디자인에 따른 조명 장비의 설치가 이루어져야 한다.

지상파를 비롯한 모든 방송사가 스튜디오에서 조명등 기구를 설치할 때는 자체 인력보다 조명 설치 전문회사의 설치 요원을 통하여 진행을 하는 편이다.

쇼 프로그램의 경우에는 일반적으로 사전 설치를 하는데, 조명 설치 전문 업체의 인원과 특수 조명 장비 렌탈 전문 업체가 협업을 하면서 준비한다. 통상 방송사마다 1~2개의 조명 설치 전문 회사와 계약을 맺어 업무를 하고 있으며, MBC의 경우에도 조명 전문 설치 회사와 용역 업무를 맺고 쇼, 예능과 교양 프로그램, 드라마의 스튜디오 촬영 때 조명 설치를 위하여 5~10명 내외의 인원을 구성한다.

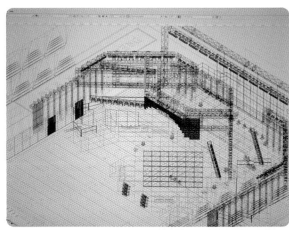

◀ 3D View로 바라본 조명 디자인의 모습

◀ 조명 디자인의 texture를 입혀 렌더링 한 모습

◀ 실제 무대의 모습

◀ 전기 장식과 색상과 톤을
맞추는 과정

◀ 설치된 조명 기기들을 테스
트하는 모습

3—5 무대 영상 장비의 설치 업무

무대 영상 장비 설치 업무는 미술 감독의 디자인을 파악하여 디자인에 포함된
정보 전달 및 배경의 역할을 담당하는 영상 시스템을 구축하는 업무이다. 영상
시스템은 무대 구성의 상당 부분을 차지한다.

개요

무대 영상 장비의 설치 업무는 주요 방송 및 뮤직 아티스트 콘서트, 음악
쇼 프로그램 등에 많이 사용되는 LED 디스플레이, Projector, 각종 영상
시스템 등 세트 혹은 무대에 설치되는 각종 영상 하드웨어의 기술 서비스
를 제공하는 업무이다.

가장 많이 쓰이는 형태의 영상 장비는 LED 영상 장비와 빔 프로젝터이
지만, 일반적으로 방송에서는 주변 조명의 영향을 적게 받고 선명함과 밝
기를 유지할 수 있는 장점 때문에 LED 영상 장비를 더 선호한다. 또한 LED
영상 장비의 급속한 기술 발전은 밝기와 해상도, 소모 전력, 중량, 유지 비
용 등을 크게 개선시켜 공연 연출에 있어 매우 효과적인 장비로 자리매김
하고 있다.

현재 LED 영상 장비는 쇼 무대의 중요한 요소로 정보 전달 및 무대의 메
인 배경의 역할을 한다. 동일한 디스플레이 형태라 하더라도 어떠한 내용
의 콘텐츠를 재생하느냐에 따라 무대의 톤과 분위기가 완전히 달라질 수
있기 때문에 곡마다 장면마다 다른 분위기를 연출하기에 LED 영상 장비는
매우 효과적이다. 따라서 이제는 쇼 무대에 있어 영상 장비를 어떻게 구성

하고 배치할 것인가가 미술 감독의 아주 중요한 업무가 되었다.

미술 감독은 영상 장비를 디자인의 한 요소로 접근하기 때문에 무대가 다양하고 독창성이 있는 경우가 많다. 이에 따라 영상 장비의 운용에서 발생되는 각종 기술적 문제를 해결해 달라는 요구가 무대 영상 장비 설치 업무 담당자들에게 발생하고 있기 때문에, 이들은 전문적인 기술적 경험과 지식을 가지고 이를 해결하고 조정해야 한다.

LED 영상 장비는 일반적으로 캐비닛이라 불리는 일정 규격의 타일 형태로 되어 있는데, 이 안에 일정한 간격의 픽셀을 배치하여 해상도를 결정하게 된다. 이러한 캐비닛을 계속 이어 붙여 원하는 사이즈와 화면비의 스크린을 구현하게 된다. 또한 조립 분해가 간단하고 무한한 화면 확장과 원하는 모양의 화면을 만들 수 있기 때문에 세트와 복합적으로 연출이 가능하다.

일반적으로 LED 영상 장비는 프레임, 모듈, 파워 공급기, 영상 신호 카드로 구성되어 있다. 프레임은 일정 규격을 이루고 있는 타일의 전체적인 틀을 의미하며, 모듈은 단위 프레임 안에 하나의 화면을 구성하는 최소의 구성 유닛을 의미한다. 파워 공급기는 동작을 위한 전원을 공급하는 장치이고, 영상 신호 카드는 영상 신호를 처리하는 카드로 스크린을 서로 연결할 수 있는 부품을 말한다. 픽셀과 픽셀 사이의 간격을 pitch라고 하며, pitch가 조밀할수록 선명하고 깨끗한 영상을 제공한다.

🎬 업무의 진행 과정

① 미술 디자인을 검토하기
② 미술 디자인을 실현하는 데 소요되는 예산 검토하기
③ 해당 장비를 발주하고 기술 검토하기
④ 캐비닛 설치하기
⑤ 전원과 신호 설치하기
⑥ 링크와 프로세서 연결하기
⑦ 점검하기
⑧ 운용하기
⑨ 철수하기

LED 모니터가 연결된 상태.
LED 모니터들의 후면 모습
이다.

사진과 같이 여러 대의 LED 모니터를 가로와 세로(〈쇼! 음악중심〉에 사용하는 타일의 사이즈는 45cm×45cm)로 연결하여 사용한다.

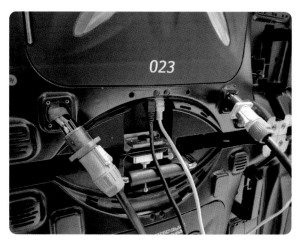

LED 모니터 뒷면의 라인
구성

영상 모니터는 4~5개의 연결선으로 구성되는데, 출력 단자 1~2개와 입력 단자 1개, 그리고 2개의 파워 공급기(전원선, power supply)가 그것이다. LED 모니터는 전압에 매우 예민하기 때문에 안정적인 전원이 공급되어야 한다. 때문에 별도의 파워 공급기를 사용한다.

3–6 무대 영상 장비의 운용 업무

무대 영상 장비 운용 업무는 쇼 무대에서 음악을 시각적으로 재해석, 가공하여 음악에 담긴 메시지와 감성 등을 시각적으로 전달하는 영상 콘텐츠를 제작 및 운용하는 업무를 담당한다.

개요

흔히 VJ(Visual Jockey) 또는 VD(Visual Director)라 지칭되는 이들은, 쇼 무대에 설치된 각종 영상 장비, 즉 디스플레이(LED 또는 프로젝터 등)에 제공될 영상 콘텐츠를 제작 및 운용하는 역할을 담당한다.

최근 쇼 무대의 구성 대부분이 대형 디스플레이를 통해 관객과 소통하고 이를 통해 무대를 연출하기 때문에 무대 영상 장비 운용 업무의 중요성은 매우 높아졌다고 할 수 있다.

쇼 무대에서 영상 콘텐츠는 음악을 시각적으로 재해석, 가공하여 곡에 담긴 주제와 감정, 메시지 등을 전달하는 역할을 한다.

연출진으로부터 제공되는 각종 음악 자료와 영상 정보를 단순히 나열하여 보여주는 것이 아니고 이를 연출자와 VJ의 의도, 공연의 구성에 맞도록 변형, 가공하여 시각적 언어를 통해 재창조한다. 때문에 이들에게 쇼의 콘셉트, 음악, 아티스트의 의상, 조명, 무대 등 쇼의 모든 요소들이 매우 중요하다고 할 수 있다. 따라서 영상 콘텐츠 제작자에게는 쇼와 아티스트, 음악에 대한 끊임없는 관심과 자료 조사, 올바르고 체계적인 분석과 이론, 이해도 등이 요구된다.

대형 업체나 해외 팀들의 경우에는 기본적으로 디자이너와 오퍼레이터, 엔지니어, 프로그래머의 분업화가 잘되어 있지만 쇼의 규모, 예산, 콘텐츠, 회사 등에 따라 업무의 영역이 다르게 구분되기도 한다.

해당 업무는 제작 현장에서의 영상 콘텐츠의 운용 뿐 아니라 아티스트와 쇼의 성격에 부합하는 영상 콘텐츠도 제작해야 하므로 무대, 음악, 조명, 카메라 등에 대한 전반적인 지식과 경험이 요구된다.

일반적으로 방송국 쇼 무대의 영상 콘텐츠의 콘셉트 도출은 연출 및 작가 진에 의해 이루어지며, 이를 전달받아 VJ가 뮤직비디오와 앨범 콘셉트, 안무 등 연구한 모든 자료를 참조하여 그래픽적 요소들을 추출하게 된다. 여기에 음악과 아티스트의 성격 등을 고려하여 색과 형태를 구성하고 스토리텔링의 요소를 추가하여 해당 음악에 맞는 영상 콘텐츠를 제작하게 된다.

이렇게 제작된 영상 콘텐츠는 곡의 구조, 음악, 조명, 카메라, 콘티 등을 고려하여 현장에서 큐에 따라 순차적으로 배열되어 해당 디스플레이에 제공된다.

🎥 업무의 진행 과정

① 의뢰하기
② 클라이언트 미팅하기
③ 시스템 정리하기 – 무대 영상 설치 팀과 픽셀 및 구성 등 기술적 협의
④ 내부 회의하기
⑤ 2D 아트웍, 3D 모델링, 렌더링 등 작업하기
⑥ 클라이언트 스틸하기
⑦ 피드백하기
⑧ 수정하기 – 연출진이나 조명 감독 등과 협의하여 무대의 톤과 분위기 결정
⑨ 현장 운용하기
⑩ 현장 수정하기
⑪ 자료 정리하기

이들에게 영상 콘텐츠가 어떠한 형태로 서비스되는 지, 어떠한 영상 장비를 통해 구현되는 지, 관객들에게 어떠한 매체를 통해 제공 되어지는 지도

매우 중요하다. 디스플레이의 형태와 장비의 구성, 매체의 특성에 맞도록 영상 콘텐츠를 기획, 제작하는 것은 효과를 극대화하기 위해 신경 써야 할 중요한 기술적 요소들이다. 이러한 부분들은 현장의 경험을 통한 노하우와 다른 스태프들과의 지속적인 소통을 통해 완성할 수 있다.

또한 매주 정기적으로 방송되는 음악 쇼 프로그램의 경우에는 주당 16~18곡의 음악이 무대에서 공연되기 때문에 영상 소스의 기획부터 제작까지 적절히 시간을 분배하는 것이 매우 중요하다.

이 업무는 디자이너처럼 새로움을 늘 보여줘야 하는 고민과 함께 해야 하며, 또한 영상에 대한 디지털 기술 환경이 빠르게 변화하기 때문에 디지털 영상 장비에 대한 빠른 적응력도 요구되어 진다.

◀ 음악을 시각적으로 표현하는 쇼의 영상 디자인 과정

쇼의 영상 디자인 과정은 음악을 반복적으로 들으며 머릿속에 영상을 그려내고, 이를 실제적으로 컴퓨터를 통해 제작하는 모습이다.

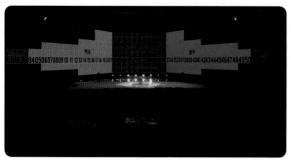

◀ 컴퓨터에서 작업한 영상 콘텐츠가 디스플레이와 사이즈가 일치하도록 조정을 하는 맵핑 과정

맵핑 과정은 영상 장비의 형태와 구성 등을 고려하여 방송에 어떻게 나타날지를 고려한다.

◀ 디자이너가 현장에서 리허설을 보며 직접 운용을 담당하는 모습. 디자이너가 본인이 만든 콘텐츠가 무대와 어울리는지 수정할 곳은 없는지를 꼼꼼히 살피는 모습이다.

회사에 따라 오퍼레이터와 디자이너를 구분하기도 하지만 〈쇼! 음악중심〉의 경우에는 디자이너가 오퍼레이터를 겸한다.

3―7 무대 음향 업무

무대 음향 업무는 시청자보다는 무대의 아티스트와 현장의 관객을 위한 일이다. 아티스트가 정확하고 아름답게 노래하고 관객들이 아티스트의 음악을 잘 전달받을 수 있게 하는 것이 업무이다.

🎬 개요

음악 쇼 프로그램에 있어 가장 중요하고 가장 우선인 재료는 음악이다. TV라는 시각적 매체를 통해 음악의 다양한 요소들을 시청자들에게 전달하기 위해 음악 쇼 프로그램에서는 음악 자체를 잘 만드는 것뿐만 아니라 영상과의 조화로 감동을 극대화할 수 있도록 음악을 시각화 하는 과정이 요구된다.

부조정실 및 무대 음향 업무가 바로 이런 역할을 담당하고 있다.

여기서는 무대 및 스튜디오에 대한 현장 음향 현장 내용을 다루고자 한다.

쇼의 규모마다 차이가 있지만 규모가 있는 공연의 경우 팀 구성은 크게 부조정실 음향 감독과 무대 음향 감독 및 무대 음향 팀으로 나뉘며, 무대 음향 팀은 다시 시스템 엔지니어, 하우스믹싱 엔지니어, 모니터믹싱 엔지니어, 스테이지 음향 크루로 구분된다.

부조정실 음향 감독은 전반적인 음향의 구성을 디자인하고, 음향 시스템의 기획 및 설계를 담당한다. 또한 영상·조명 등 각 파트의 담당자들과의 소통 창구 역할을 하며, 무대 음향 감독과 전반적인 음향 구성에 대해 초기 단계부터 지속적으로 협의한다.

무대 음향 감독은 부조음향 감독과 함께 음향 구성 전반에 관여하며, 특히 공연 장소는 음향 디자인과 장비 셋업 등을 진행함에 있어 매우 큰 영향을 미치는 요소이므로 공연장의 특징과 규모, 기초 시설을 잘 확인하는데 주력한다. 또한 공연에 있어 출연할 아티스트의 수와 순서는 방송에 요구되는 마이크의 종류와 수량, 인이어 수량 등을 결정하므로 부조정실 음향 감독과 상의하여 총 필요 수량과 종류를 정한다. 최근 K-POP 아티스트들은 그룹의 형태로 활동하므로 출연하는 모든 인원에 대해 마이크나 인이어를 인원수만큼 각각 준비할 수 없다. (한 번 방송에 통상 100여 명 출연)

시스템 엔지니어는 무대 공연에 필요한 전반적인 음향 시스템을 관리하고 튜닝을 담당하며, 무대 음향 감독 및 각 무대 음향 파트들과 조율하면서 가수 및 관객에게 들려주는 전체적인 무대 음향의 디자인에도 관여한다.

하우스(FOH) 엔지니어는 관객석으로 나오는 소리를 믹싱하며, 통상 천정부 및 객석 바닥부에 설치된 Large 스피커 확성을 담당한다.

모니터(MOH) 엔지니어는 가수가 듣는 소리를 담당하게 된다. 무대 위의 모니터 스피커들과 인이어 시스템의 밸런스 믹싱이 주된 업무이다.

스테이지 크루는 마이크 및 인이어의 전달 및 회수, 악기들의 마이킹 및 모니터 스피커의 운영, 무대의 회선 패치, 관객 함성 수음용 마이크 설치 등 무대 위에서 진행되는 실제적인 음향의 운영을 담당한다.

일반적으로 공연이 기획되고 전반전인 규모 및 장소가 나오면 부조정실 음향 감독과 무대 음향 감독이 참여하여 전반전인 시스템 구성을 기획하고 하우스, 모니터, 시스템 엔지니어들과 회의를 하여 공현 현장과 규모에 맞게 음향 시스템 설계과정을 거치게 된다. 이는 음악의 장르, 공연장의 환경과 시설에 따라 장비의 선정, 장비의 물량 등이 결정되며 노래를 부르는 가수와 연주를 하는 밴드 음원 혹은 MR 음원과의 밸런스와 가수와 객석의 모니터 환경 등에 모두 중요한 영향을 미치기 때문이다.

■ 업무의 진행 과정

① 공연장의 규모 및 장소 파악하기
② 부조정실 음향 감독과 시스템 구성 및 기획하기
③ 무대 음향 시스템 디자인하기
④ 음향 장비 설치 및 튜닝하기
⑤ 테스트 및 리허설하기
⑥ 녹화 및 생방송하기
⑦ 철수하기

일반적으로 방송에서 요구되거나 주로 기획되는 음악 장르는 대부분이 대중음악이다. 대중음악은 음향적인 부분 이외에도 대중적 인기와 화려함 등으로 일반 대중의 이목을 집중시키기 위해 노력하기 때문에 무대 장치, 영상, 조명, 특수 효과 등 많은 기술적, 시각적 요소들이 함께 접목되어 이루어진다. 따라서 대중음악 장르는 다른 파트와 협의를 통한 소통 과정도 매우 중요하다고 할 수 있다.

음향이란 눈에 보이지도 않고 주관적으로 평가되는 분야이기 때문에 항상 열린 마음으로 소통해야 하며 지속적으로 배우는 자세가 필요하다. 또한 음향, 음악, 전기 등 여러 전문 분야가 필요한 학문이고 디지털 시대로 넘어오면서 계속 최신 기술이 계속 업데이트 되는 분야이기 때문에 항상 관심을 가져야 뒤처지지 않는 전문가가 될 수 있는 분야라 할 수 있다.

◀ 현장에 구성된 오디오 부스
의 모습

▲ 무대 위에 놓인 모니터
(MOH) 스피커

    카메라의 샷 사이즈와 원활한 워킹을 위해 무대를 파내어 그곳에 특수
효과와 조명, 프롬프터들과 함께 설치한다.

▲ 콘솔과 하우스(FOH) 엔지니어의 위치

    대부분의 콘솔이 객석 중앙에 위치하지만 하우스(FOH) 엔지니어의 위
치는 객석의 중앙부의 센터에 위치하여 현장에 있는 객석들에게 최고 컨디
션의 음향을 들려주기 위해 최선의 노력을 다한다.

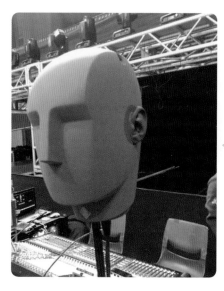

◀ 바이너럴 마이크

　바이너럴 마이크는 사람 얼굴과 귀의 특성을 반영하여 실제로 들리는 소리대로 수음하여 재생하는 기술을 가진 마이크이다. 사진처럼 양쪽 귀 안쪽에 마이크가 들어 있어, 실제 사람이 듣는 소리처럼 수음되며, 이를 스테레오 형태로 재생하면 공연장에서 내 귀로 듣고 있는 것과 같은 느낌을 가질 수 있다. 최근 ASMR 방송에서도 많이 활용되고 있으며, 왼쪽 귀에 대고 얘기하면 그대로 수음되어 마치 왼쪽 귀에서 들리는 것처럼 재생된다.

◀ 무대 뒤 인이어와 마이크
　 전달을 위해 분주히 일하는
　 스태프들의 모습

3-8 특수효과 업무

특수 효과 업무는 쇼 연출의 극적 효과를 높이기 위한 각종 장비들을 설치하고 제어하는 역할을 한다. 몰입도와 극적 효과를 위해 쇼의 적절한 타이밍에 연출적 요소로 작용하기 때문에 연출과의 긴밀한 협의가 요구된다.

개요

쇼에 있어 특수효과 업무 담당자는 쇼 연출의 극적 효과를 높이기 위해 특수 장비 및 화약, 불, 물, 기체 등의 물질을 조작하고 제어하는 일을 담당한다.

특수효과는 일반적으로 장치 효과와 무대 효과로 구분된다.

장치 효과는 리프트, 슬라이딩, 플라잉, 회전 무대 등의 장치를 사용하여 아티스트의 등장 퇴장 및 무대 전환을 위해 사용하는 효과를 말하며, 무대 효과는 시각, 청각적인 효과로 불, 꽃가루, CO_2, 에어 캐논, 화약 등의 물질을 사용하여 공연의 시작과 끝, 노래의 중요 포인트에 효과를 삽입하여 관객들에게 보다 큰 감동과 즐거움을 느끼도록 하는 효과이다.

특수효과는 쇼 연출에 있어 극적 긴장감을 불러오며 청각, 시각적 측면에서 극적 효과를 더하여 쇼의 미장센을 완성시킨다.

해당 무대에서 특수효과의 사용이 결정되면 특수효과 담당자는 연출 팀을 만나 어떠한 아티스트와 노래에 대해 특수효과를 사용할 것인지, 어떤 효과를 사용할 것인지를 논의한다. 만약 쇼에서 화약을 사용할 경우 경찰서에 신고서를 제출해야 한다. 최소 공연 7일전에 신고서를 제출해야 화약을 사용할 수가 있기 때문이다.

특수효과는 음악의 시각화에 있어 중요한 요소로 작용하므로 음악에 대한 철저한 분석이 요구된다. 음악에 대한 분석이 끝나면 무대 도면을 보면서 안전과 카메라 콘티를 고려하여 특수효과 장치의 종류, 수량과 위치를 지정한다.

장치 효과의 경우 무대 세팅부터 같이 작업을 하지만, 특수 효과의 경우에는 안전과 관리를 고려하여 리허설 당일 작업하는 것이 일반적이다.

🎬 업무의 진행 과정

① 특수효과 관련 연출 회의하기
② 미술 디자인 검토하기
③ 예산 검토하기
④ 쇼 구성 및 음악 분석하기
⑤ 설계하기
⑥ 특수효과 장치 설치하기
⑦ 콘솔 운영하기
⑧ 철수하기

특수효과 업무는 쇼의 규모나 장르에 따라 조금씩 차이가 있지만, 전체적으로 업무를 감독하고 배정하는 수퍼바이저, 쇼에서 직접 운영을 담당하는 오퍼레이터, 오퍼레이터와 함께 현장을 담당하는 어시스턴트, 안전을 관리해주시는 안전관리자로 구성된다. 특히 화약이나 가스를 다루어야 하는 경우 해당 분야의 취급에 대한 자격증을 반드시 취득해야 한다.

또한 특수효과의 업무는 안전사고와 직접적인 연관이 있기 때문에 철저한 사전 준비와 리허설, 방지 대책이 요구된다.

▲ 무대에서 화약을 설치하고 있는 모습. 화약은 안전과 직결되어 있으므로 반드시 취급 자격증을 보유한 사람이 다루어야 하며, 아티스트나 관객의 동선이나 기후 등을 고려하여 설치한다.

▲ 아티스트의 극적인 등장을 위해 리프트를 설치하는 모습

▲ 각종 특수효과를 제어하는 콘솔의 모습

▲ 리허설 전 불기둥과 화약 장치를 최종 점검하는 모습. 출연자와 관객의 안전을 위해
  현장의 특수효과 책임자와 무대 감독이 교대 안전검사를 실시한다.

▲ 폭죽을 위해 화약 특수효과 장치를 설치하는 모습.
화약은 반드시 전문 자격증이 있는 사람이 다루어야 한다.

▲ 무대에 설치된 각종 특수 효과 장치들.
폭죽(좌측)과 CO_2, 불꽃 장치, 불기둥 장치들(우측)

4장 프로그램 제작 지원 파트

4—1 자막 업무

자막은 정확성이 무엇보다 중요하므로 작가와 함께 꼼꼼히 검토한 후에 타이핑을 의뢰해야 한다. 자막 제작 담당자에 의해 타이핑된 자막은 생방송 쇼는 부조정실로, 녹화 방송 쇼는 편집실로 전달하여 방송하게 한다.

🎬 개요

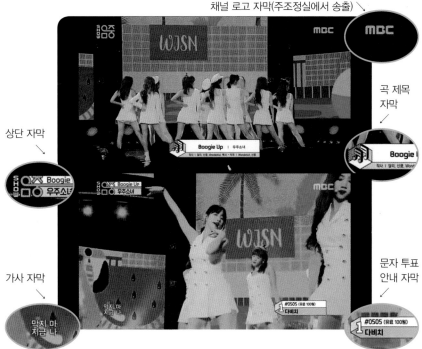

채널 로고 자막(주조정실에서 송출)

곡 제목 자막

상단 자막

문자 투표 안내 자막

가사 자막

▲ 〈쇼! 음악중심〉에 들어가는 각종 자막들. 가사 자막과 곡 제목 자막이 많은 비중을 차지한다.

쇼에는 많은 자막이 들어간다. 쇼의 얼굴인 이틀 로고, 각 무대마다 들어가는 곡 제목 자막과 가수 이름 자막, 가사 자막, 순위 소개 자막, 텔롭(제작진 소개 자막), 기타 설명 자막 등이다.

자막은 정보를 제공하는 역할 뿐 아니라 쇼의 화면과 어우러져 미학적인 역할도 하는 요소이다.

[생방송 쇼 자막의 제작 과정]

❶ 자막 디자인

◀ 자막 디자인, 로고 디자인, CG 등이 탄생하는 디자인센터

쇼가 처음 기획되었을 때, 또는 오래된 프로그램에 새로운 분위기를 환기하고 싶을 때 연출자는 자막 디자인을 의뢰한다. 화면에 얹어지는 자막 이미지가 바뀌면 시청자들은 신선함을 느낀다. 그만큼 프로그램에 있어서 자막 디자인의 비중은 매우 크다.

처음 자막을 디자인할 때는 연출자가 원하는 방향과 디자이너의 아이디어를 바탕으로 서로 간에 충분한 협의를 거친다. 디자이너가 프로그램의 성격과 연출 방향에 대해 정보를 충분히 숙지해야 프로그램의 색과 어우러지는 자막 디자인이 나올 수 있기 때문이다.

❷ 자막 제작

완성된 자막 디자인을 바탕으로 실제 쇼에 들어갈 자막이 제작된다. 쇼 프로그램의 조연출이 방송에 필요한 자막을 정리해 담당 디자이너에게 의뢰한다. 상단 자막부터 회차 자막, 곡명과 가수의 이름 자막, 가사 자막, 텔롭까지 순서대로 정리하여 의뢰하게 되는데, 자막은 정확성이 무엇보다 중요하므로 작가와 함께 꼼꼼히 검토한 후 의뢰한다. 의뢰된 자막은 자막 제작 담당자에 의해 타이핑되어 생방송 쇼의 경우에는 부조정실로, 녹화 방송 쇼의 경우에는 편집실로 전달된다.

❸ 교열

자막 디자인과 제작에 못지않게 중요한 과정은 바로 오타와 잘못된 정보 등을 검수하는 '교열'의 과정이다. 자막 디자인이 아무리 훌륭해도 오타가 있거나 사실과 다른 자막이 송출되면 그 순간 쇼의 퀄리티는 떨어질 수밖에 없기 때문이다. 특히 생방송 쇼의 경우에는 자막이 잘못 들어가면 돌이킬 수가 없기 때문에 그 어떤 과정보다 신중함이 요구된다.

교열은 생방송 전, 혹은 녹화 방송 완제[1] 전까지 완벽하게 끝나야 하는데, 중요한 작업인 만큼 자막 제작자가 직접 부조정실이나 종합편집실에 출근해 연출자 혹은 조연출과 함께 교열을 진행하는 경우가 일반적이다. 한편 쇼 자막의 절반 이상은 노래의 가사 자막인 경우가 많다. 이때 가사 자막은 1차적으로 자막 의뢰 단계에서 막내 작가가 음원을 들으며 오타가 없는지 체크하고, 교열자가 방송 당일에 다시 음원을 모니터하며 교열을 하는 이중적인 작업을 거친다.

---

1) 녹화된 프로그램의 편집본이 종합편집실에서 자막, 음향 효과 등을 얹어 최종 방송본으로 완성되는 단계

❹ 송출

교열까지 완벽하게 끝난 자막은 방송 화면에 송출되는데, 생방송의 경우에는 방송이 나가는 실시간으로 자막 오퍼레이터가 부조정실의 자막 서버를 운용하며 자막을 송출시킨다. 녹화 방송의 경우에는 종합편집실 자막 서버를 통해 최종 편집 화면에 자막을 얹는 형식으로 작업한다.

◀ 생방송 중 자막을 송출하는
자막 오퍼레이터

잘 만들어진 자막은 화려한 쇼의 가장 위에 얹어지는 결정적인 데코레이션이라고 할 수 있다. 쇼는 기본적으로 여타 예능 프로그램들에 비해 화려하고 역동적인 화면이 주를 이루고 있으므로 자막 역시 쇼 화면과 아름답게 어우러져야 시청자의 보는 즐거움 역시 배가될 수 있다. 따라서 쇼 자막 담당자에게는 색채를 조합하는 능력과 쇼 영상을 돋보이게 하는 디자인을 고안해낼 수 있는 감각이 요구된다.

하지만 그런 심미적인 요소보다 중요한 것은 바로 '정확성'이다. 프로그램을 구성하는 요소요소에 대한 정확한 정보를 시청자에게 전달하는 것이 자막의 본질적인 역할이기 때문이다. 그렇기에 자막 담당자에게는 반복적인 교열을 통해 100퍼센트 정확한 자막을 완성하겠다는 성실함과 섬세함이 절대적으로 요구된다. 또한 방송 시간에 맞춰 많은 양의 자막을 제작할 수 있는 체력과 생방송 중에 실수 없이 자막을 송출하는 침착성과 순발력 등도 쇼 자막 담당자가 필요로 하는 필수적인 능력이다.

4─2 행정 업무

대규모 쇼는 방송사와 외부 기업이나 기관의 예산을 함께 집행되는 경우가 많아 한 부분이라도 실수가 생기면 큰 문제로 이어질 수 있으므로 신중하게 처리해야 한다.

개요

쇼 프로그램 제작의 바탕은 바로 '예산'이다. 어느 정도 규모의 예산이 투입되고, 그 예산이 어떻게 사용되었는지에 따라 쇼의 모양새는 천차만별로 달라진다. 특히 쇼에는 다른 프로그램에 비해 많은 인원이 출연하고, 무대와 세트, 장비, 스태프 인력의 규모도 월등히 크기 때문에 예산 운용이 더욱 중요하다. 방송사에서 집행한 예산이 쇼 프로그램 제작에 적절히 잘 쓰일 수 있게 운영하는 것이 행정 업무이다. 쇼 프로그램의 행정 업무는 예능본부의 예능운영부가 담당한다.

[쇼 프로그램의 행정 업무 절차]

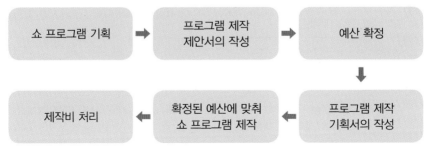

🎬 행정 담당자의 업무

❶ 프로그램 제작 제안서의 작성

쇼 프로그램이 기획되면 연출자는 제일 먼저 '프로그램 제작 제안서'를 준비한다. 프로그램 제작 제안서는 쇼 프로그램 제작에 필요한 예산을 회사에 요청하는 첫 공식 문서이다.

연출자가 쇼의 기획 의도, 내용, 대략적으로 필요한 제작비 내역을 예능 운영부 담당자에게 제출하면, 담당자는 해당 내역이 규정에 맞는지 확인한 후에 사내 제작정보시스템에 제안서를 작성해 올려 프로그램 CP, 국장, 본부장의 결재를 받는다.

◀ 행정 담당자가 〈쇼! 음악중심〉의 예산 관련 서류를 검토하고 있는 모습

결재 받은 제안서가 사내의 예산 담당 부서 등과 공유되고 합의를 거친 후 최종 결정권자인 사장의 승인을 받으면 제안서가 최종적으로 완성된다.

[쇼 제작비의 주요 내역들]

출연료	출연 가수와 MC, 연주자, 댄서, 특별출연자 등에게 지급되는 비용
작가료	담당 작가들에게 지급되는 고료
미술비	무대 설치, 세트 제작, LED 소스 제작, 특수효과, 자막 등 쇼의 비주얼적 요소 구축에 들어가는 비용

외주비	기술, 미술 등의 파트에서 업무 제휴를 맺고 있는 외부 회사 또는 프리랜서 스태프들에게 지급되는 인건비
임차료	외부에서 임차해오는 각종 카메라 장비, 조명 장비 등과 소품 등에 대한 비용. 야외 쇼의 경우 쇼가 진행되는 체육관, 야외무대 등에 대한 장소 임차료 발생
기타	스태프 식비, 문서 인쇄비, 운반비 등

❷ 프로그램 제작 기획서의 작성

제안서가 통과되면 예능운영부 담당자는 제안서의 예산 내역을 세분화해 기록하는 '프로그램 제작 기획서'를 작성한다.

먼저 연출자가 자신이 제작하는 쇼 프로그램에 얼마큼의 미술비를 쓸 것인지, 얼마큼의 인력을 쓸 것인지 등 요소별 세부 비용을 책정해 예능 운영 팀의 담당자에게 전달하면 담당자는 제작정보시스템에 기획서를 작성해 다시 결재를 요청한다. 승인된 기획서는 쇼 프로그램 제작비를 운용하는 공식적인 매뉴얼이 된다. 최초에 한 번만 작성되는 제안서와 달리 기획서는 인건비 조정이나 세트 단가의 변화 등 변동이 있을 때마다 수정이 가능하다.

❸ 제작비의 처리

쇼 프로그램의 제작 및 방송이 모두 끝나면 행정 담당자는 사용된 제작비를 처리한다. 이 과정은 행정 담당자의 가장 중요한 업무 과정이다.

쇼 프로그램이 방송되고 난 후에 연출이나 조연출이 출연자별 출연료 및 작가료, 장소 사용료, 진행비 등을 정리해 행정 담당자에게 전달한다. 주로 세트, 조명, 장비 임대 등을 담당한 외부 업체들은 쇼에 사용된 비용을 정리한 거래명세서를 작성하여 연출자의 확인을 받은 후에 역시 행정 담당자에게 제출한다.

행정 담당자는 각 영역별 예산이 기획서 상에 명시된 내용에 맞게 집행되었는지를 확인한 후에 제작정보시스템에 모든 예산 집행 내역을 기록한

'프로그램 제작비 청구서'를 작성하여 CP와 국장, 본부장의 승인을 요청한다. 본부장의 승인까지 끝나면 예산 담당 부서의 최종 승인을 거쳐 출연료의 지급과 외부 업체의 비용 지불을 비롯한 모든 정산이 완료된다.

쇼 프로그램의 예산은 집행되어야 하는 세부 요소들이 많고 미술비 등 지급 규모가 큰 요소들도 많기 때문에 행정 업무는 차분하고 꼼꼼한 성격을 갖춘 사람에게 적합하다. 특히 대규모 쇼의 경우에는 방송사 내부 예산뿐 아니라 외부 기업이나 기관으로부터 받은 예산도 함께 집행되는 경우가 많고 들어가는 제작비 규모나 요소도 어마어마하기 때문에 한 부분이라도 누락되거나 실수가 생기면 큰 문제로 이어질 수 있다.

4—3 마케팅 업무

마케팅 담당자는 광고주들을 물색해 지원 가능한 예산과 노출 포인트 등을 파악해야 하고 광고주가 자사 제품을 어떤 식으로 얼마 동안 프로그램에 노출시키고자 하는지 등을 파악해 연출자와 논의하여 이를 진행한다.

개요

쇼는 많은 예산이 드는 장르의 프로그램인 만큼, 예산 확보가 매우 중요하다. 그런데 사내에서 책정된 자체 제작비로는 연출자가 원하는 쇼가 구현되기 힘든 경우가 많다. 따라서 간접광고 또는 협찬의 형태로 외부 기업체의 예산을 가져와 제작비로 운용하는 경우가 많은데, 이렇게 프로그램에 외부 예산을 유치하는 작업은 사내 마케팅 부서가 담당하고 있다. 마케팅 담당자는 연출자와 외부 기업체 광고주의 가교 역할을 한다.

마케팅 담당자의 업무

마케팅 담당자는 예산을 필요로 하는 쇼 연출자와 홍보 효과를 기대하는 광고주의 목적을 중간에서 조율하는 역할을 한다.

연출자는 자체 제작비 외에 추가로 필요한 예산을 파악하여 그만큼의 예산을 지원할 수 있는 광고주가 있는지 마케팅 담당자에게 문의한다. 마케팅 담당자는 쇼 프로그램에 자사 로고나 제품을 노출하기를 원하는 광고주를 물색해 지원 가능한 예산과 노출 포인트 등을 파악한다. 광고주가 자사 제품을 어떤 식으로 프로그램에 노출시키고자 하는 지, 로고를 몇 초 이상 노출시키기를 원하는 지 등을 파악하여 연출자와 논의해 프로그램에 광고 제품이나 로고가 어떻게 드러나게 하는 것이 좋을지 결정한다.

▲ 음원 사이트는 자사 로고가 노출되는 조건으로 정해진 비용을 방송사에 지불하고,
이 중 일부는 프로그램 제작비로 사용된다.

간접광고는 계약이기 때문에 마케팅 담당자는 방송 전에 계약대로 구현되었는지를 확인하고 미흡한 부분은 연출자와 논의해 수정한다. 거꾸로 간접광고를 소화하는 과정에서 연출자의 의견이 있으면 광고주에게 전달하여 서로의 입장을 계속 조율해나가는 것도 마케팅 담당자의 역할이다.

◁ 〈쇼! 음악중심〉의 마케팅 담당자가 외부 기업체에 배포 할 프로그램 홍보 자료를 제작하고 있는 모습

한편, 공영방송에서 특정 기업이 과도하게 홍보되는 것은 방송 규정에 어긋날 수 있으므로 마케팅 담당자는 심의부 담당자와도 소통하면서 정해진 규정 안에서 연출자와 광고주의 니즈를 함께 달성할 수 있도록 해야 한다.

마케팅 담당자에게 가장 중요한 능력은 바로 '커뮤니케이션'이다. 최근 들어 간접광고와 협찬이 방송 제작의 필수 요소 중의 하나로 자리 잡고 있기 때문에 마케팅 담당자의 역할이 갈수록 커져가고 있다. 예산 유치를 기대하는 연출자와 광고 효과를 기대하는 광고주 양측을 최대한 만족시키는 데에는 마케팅 담당자의 소통 능력이 가장 중요할 것이다.

이를 위해서는 맡은 프로그램에 대한 깊은 이해가 있어야 하고 방송 제작시스템에 대한 지식도 충분해야 한다. 한편으로 광고주의 입장에 대한 이해도도 필요하기에, 기업체의 예산 운용이나 홍보 업무에 대한 지식도 필수적이다.

한편, 최근에는 마케팅 담당자가 먼저 주도적으로 간접광고 아이템을 연출자와 광고주에게 제안하는 경우도 많아지고 있다. 따라서 소비자들의 트렌드를 늘 예민하게 파악하여 창의적인 아이템을 구상하는 것도 마케팅 담당자에게 요구되는 능력 중의 하나이다.

4－4 홍보 업무

쇼 프로그램의 홍보 담당자는 연출자 못지않게 맡은 프로그램에 대한 애정과 이해도가 높아야 하고 홍보 포인트를 정확히 파악하여 보다 많은 사람들에게 효과적으로 프로그램을 알려야 한다.

개요

쇼는 잘 만들어지는 것이 가장 중요하지만 그것을 많은 시청자들이 보아야 프로그램이 더욱 빛날 수 있다. 방송되는 쇼를 더욱 많은 사람들이 볼 수 있도록 알리는 업무, 즉 홍보 업무는 쇼 제작에 있어서 점점 중요한 부분을 차지하고 있다. 홍보 업무는 방송사 내 홍보부의 담당자가 쇼 연출자와 끊임없이 소통하고, 외부 업체나 타 부서들과도 협업하면서 진행한다.

홍보 담당자의 업무

❶ 보도 자료 배포

가장 활발하게 이용되는 홍보 수단은 바로 인터넷 매체를 통한 쇼 프로그램 관련 기사의 노출이다. 위클리 음악 쇼는 방송일 1~2일 전, 특집 쇼의 경우에는 더 이른 시점에 쇼에서 홍보하고자 하는 요소를 보도 자료로 만들어 각 언론사에 배포한다.

일반적으로 쇼 프로그램의 작가가 연출자와 의논해 보도 자료를 작성한 후에 홍보 담당자에게 전달하면, 담당자는 방송사에 출입하는 언론 매체들에 보도 자료를 배포하는 역할을 한다.

> '쇼! 음악중심' 펜타곤(PENTAGON), '빛나리'
> 어쿠스틱 버전 독점 공개

> [공식입장] 찬희x현진, '음악중심' 새 MC
> 발탁…미나와 호흡 🔊 본문듣기 · 설정

> '쇼음악중심' 방탄소년단vs다비치vs이하
> 이, 1위 후보…트로피 주인공은?

▲ 홍보팀에서 배포한 〈쇼! 음악중심〉 보도 자료를 바탕으로 작성된 인터넷 매체의 헤드라인

❷ 영상 자료의 제작 및 업데이트

최근의 예능 프로그램들은 '선 공개 영상', '예고 영상' 등을 자체 홈페이지나 포털사이트에 업데이트함으로서 홍보 효과를 누리는 경우가 많은데, 영상 홍보가 가장 활발히 이루어지는 장르가 바로 쇼 프로그램이다. 특히 위클리 음악 쇼의 경우에는 시청 층이 문자보다는 영상에 익숙한 10~20대에 집중되어 있기 때문에 프로그램을 영상으로 홍보하는 경우가 갈수록 늘어나고 있다.

보통 위클리 음악 쇼의 경우에는 방송 전후로 포털사이트나 유튜브, 자체 홈페이지 등에 프로그램에 대한 기대치를 높이는 다양한 영상들을 매주 게재한다. 그 주의 주요 출연자와의 인터뷰를 담은 영상, 녹화된 무대의 일부분을 보여주는 선 공개 영상, 방송 편집을 거치지 않은 직캠 영상(149p '직캠' 설명 참조) 등이다. 인터넷상에 업데이트된 영상들은 국내 시청자들 뿐 아니라 해외 팬들도 쉽게 접근할 수 있다는 강점이 있다. 때문에 요즘처럼 K-POP 열풍이 전 세계를 강타하고 있는 시대에 가장 적절한 홍보 방법이라 평가받고 있다.

홍보 영상들은 인터넷 세대들의 호흡에 맞게 포인트만 공략해 짧고 재기 발랄한 느낌으로 제작되는 것이 트렌드이다. 최근 영상 홍보의 효과가 많이 입증되면서 방송사의 홍보부서나 마케팅부서는 산하에 전문 영상 제작부서를 두어 인터넷 세대의 취향에 맞는 홍보 영상들을 제작하고 있다.

◁ MBC 예능 프로그램을 홍
보하는 블로그나 영상을 제
작하는 예능연구소 모습

◁ 〈쇼! 음악중심〉 예능연구소
영상 담당자가 홍보 영상을
편집 중인 모습

△ 유튜브에 업로드되어 있는 〈쇼! 음악중심〉 관련 영상들.
전 세계 팬들을 상대로 〈쇼! 음악중심〉과 K-POP을 홍보하고 있는 것이다.

직캠

최근 위클리 음악 쇼에서 파생된 콘텐츠 중 가장 인기 있는 것은 단연 '직캠'이다. 쇼 생방송 현장이나 녹화현장에서 직접 찍어 올린 카메라 영상을 의미하는 직캠은, 제작진의 편집을 거치지 않은 현장 그대로의 영상이기에 다소 거친 느낌이긴 하나, 현장의 분위기를 고스란히 느낄 수 있는 생생한 영상이기에 팬들 사이에 호응이 높다.

특히 그룹 아이돌의 경우에는 방송으로 송출되는 영상에서 특정 파트에는 그 파트를 담당하는 멤버만 화면으로 볼 수 있고 나머지 멤버들은 보이지 않는다. 그런데 무대 전체를 풀샷으로 쭉 잡는 직캠을 통해서는 다른 멤버들의 안무도 고스란히 볼 수가 있다.

요즘은 특정 멤버들 곡을 처음부터 끝까지 원샷으로 쭉 찍는 '개인 직캠'도 함께 찍는 것이 대세이다. 대부분의 위클리 음악 쇼들은 매주 그 주에서 가장 화제가 되는 컴백 팀의 전체 직캠과 개인 직캠을 모두 찍어 유튜브나 포털사이트에 제공하고 있다. 이를 통해 팬들은 본인이 가장 좋아하는 멤버의 모습을 곡의 처음부터 끝까지 쭉 볼 수 있다.

나아가 통신사 기반 플랫폼들에서는 같은 가수가 각각 다른 각도에 위치한 여러 대의 카메라에 어떻게 찍히는지를 모두 볼 수 있는 서비스를 제공하고 있기도 하다.

〈쇼! 음악중심〉홍보 영상 담당자가 사전 녹화 중에 직캠을 찍는 모습

▲ 〈쇼! 음악중심〉의 직캠 영상은 포털사이트에서 검색하면 언제든지 볼 수 있게 되어있다. 팬들은 본인이 좋아하는 멤버를 찍은 직캠을 골라서 볼 수 있다.

쇼 프로그램의 홍보 담당자는 연출자 못지않게 맡은 프로그램에 대한 애정과 이해도가 높아야 한다. 그래야만 홍보 포인트를 정확히 파악하여 보다 많은 사람들에게 효과적으로 프로그램을 알릴 수 있기 때문이다. 쇼 프로그램을 비롯해 수많은 TV 프로그램들이 탄생하고 있는 요즘에는 시청자들의 눈길을 미리 사로잡기 위한 홍보 경쟁이 치열하다. 선택의 폭이 많아진 시청자들의 입장에서는 각종 기사와 홍보 영상 등을 통해 직접 시청할 프로그램을 결정하게 되는 경우가 많기 때문이다.

쇼의 홍보 담당자에게는 프로그램과 프로그램 시청 층의 특징을 늘 예의 주시하고 제작진과 언론사, 외부 홍보업체들과의 커뮤니케이션을 원활히 할 수 있는 능력이 요구된다.

4—5 로고 디자인 업무

로고 디자이너는 '멀티플레이어 디자이너'라고 하며, 뛰어난 디자인 감각은 물론, 방송 프로그램에 대한 이해도도 갖추어 대중에게 프로그램에 대한 호기심을 유발하면서도 동시에 프로그램의 성격도 잘 반영해야 한다.

🐵 개요

프로그램 제목을 디자인적으로 구현한 것을 '로고(logo)'라고 한다. 로고 디자인은 프로그램의 얼굴이다. 시청자들이 프로그램과 접할 때 처음 만나는 이미지라고 할 수 있다. 디자인된 로고는 프로그램의 시작을 알리는 뚜껑인 타이틀 VCR에 들어가는 것은 물론이고 예고, 자막, 홈페이지, 보도 자료 등에도 쓰이게 된다. 특히 다양한 채널 속에서 수많은 프로그램이 만들어지는 요즘에는 그 중요성이 더욱 부각되고 있다.

▲ MBC 쇼 프로그램들의 로고들

🎬 로고 디자인의 과정

　제작하고자 하는 쇼 프로그램이 기획 과정을 거쳐 제목이 결정되면 연출자는 사내의 로고 디자인 팀에 로고 디자인을 의뢰한다. 정식 의뢰가 이루어진 후에는 연출자와 로고 디자인 팀이 함께 콘셉트 회의를 진행해 대략적인 로고 이미지의 방향을 도출한다.

　디자이너는 연출자와 협의된 내용을 바탕으로 아이디어 스케치를 거쳐 전문적인 디자인 툴(현재는 어도비 일러스트레이터와 포토샵이 많이 이용되고 있다)을 이용해 로고 초안을 디자인한다. 로고 디자인의 초안은 폰트와 색상을 조금씩 변형한 여러 가지 버전으로 만들어져 연출자와 협의한 후에 최종적으로 로고 디자인으로 선정된다.

◀ MBC 로고 디자인실 전경. 한 프로그램의 담당 로고 디자이너는 정해져 있지만, 로고 디자인 팀 내에서 많은 자료와 의견 교환을 거쳐 최종 결과물이 탄생하게 된다.

◀ 로고 디자인실에서 디자인된 각종 프로그램 로고들

▲ 〈가요대제전〉 로고를 디자인 중인 디자이너. 쇼 프로그램의 로고는 보통 컬러감이 화려하고
정적인 느낌보다는 활동적인 느낌을 강조하여 디자인한다.
뉴스나 시사 · 교양 프로그램들과 비교했을 때 좀 더 디자인적인 요소를 강조하기도 한다.

로고 디자이너는 '멀티 플레이어 디자이너'다. 기본적으로 뛰어난 디자인
감각은 물론이고 방송 프로그램에 대한 이해도 갖추어야 한다. 일반적인
디자인들과는 달리 TV 프로그램의 로고 디자인은 대중에게 해당 프로그램
에 대한 호기심을 유발할 수 있어야 하는 동시에 프로그램의 성격도 잘 반
영해야 하기 때문이다.

따라서 로고 디자인 팀은 평소에도 본인이 맡은 프로그램은 물론이고 방
송 중인 여러 프로그램들을 끊임없이 모니터하고 각 프로그램들의 로고 디
자인에 대한 분석도 함께 한다. 트렌디한 디자인 흐름을 예의 주시하며 여
러 디자인 소스들을 수집하여 실제 디자인에 참고하기도 한다.

4-6 프롬프터 업무

대본의 MC 멘트를 MC의 시선 방향에 놓인 모니터에 가독성 높은 자막으로 띄워주는 작업을 '프롬프터 작업'이라고 하며, 위클리 생방송 음악 쇼의 경우는 더욱 안전성을 기하기 위해 큐카드와 함께 프롬프터를 운용한다.

🎥 프롬프터

쇼는 보통 생방송으로 진행되든지 녹화 방송으로 진행되든지 간에 현장 관객들이 즐기는 공연이기 때문에 끊김 없이 진행되는 경우가 대부분이다. 쇼의 MC들은 쇼가 진행되기 전에 미리 대본을 숙지해 오지만, 만약을 대비해 MC가 중요한 멘트를 잊어버리지 않도록 현장에서 모니터에 대본을 띄워두기도 한다.

대본의 MC 멘트를 MC의 시선 방향에 놓인 모니터에 가독성 높은 자막으로 띄워주는 작업을 '프롬프터 작업'이라고 한다. 위클리 생방송 음악 쇼의 경우에는 더욱 안전성을 기하기 위해 프롬프터를 큐 카드와 함께 운용한다.

대형 쇼의 경우에는 가수가 가사 실수를 하지 않게 하기 위해 가사를 띄워주는 프롬프터를 운용하기도 한다.

🎥 쇼 프롬프터 제작 과정

막내 작가는 대본 작가가 쇼 대본을 탈고하면 MC 멘트 부분을 발췌하여 프롬프터 화면에 띄우기 적절한 분량으로 멘트를 분리해 프롬프터 운용자에게 보낸다. 프롬프터 운용자는 생방송이나 녹화 방송이 진행되는 스튜디오의 부조정실에 있는 프롬프터 단말기에 해당 멘트를 입력한다.

단말기에 입력된 멘트는 프롬프터 담당자가 생방송 중에 대본에 맞게 페이지를 넘기고, MC들은 실시간으로 MC석 앞 모니터로 전송되는 멘트를 참고해 쇼를 진행한다. 단, 프롬프터는 이미 대본을 완벽히 숙지한 MC들이 멘트 실수를 하지 않게 하기 위해 준비해 두는 장치일 뿐이다. 만약에 MC가 프롬프터 화면에만 의지해 쇼 진행을 할 경우에는 시청자가 보기에 어색할 수 있으므로 MC의 진행은 완벽한 대본 숙지가 전제되어야 한다.

◀ 부조정실의 프롬프터 화면. MC들이 한 눈에 알아보기 쉬운 컬러, 글자 크기, 글자 수로 프롬프터 화면을 입력한다.

▲ MC석 프롬프터 화면. 카메라 앵글에는 비춰지지 않으면서 MC의 시선이 자연스럽게 머무를 수 있는 위치에 프롬프터 모니터를 설치한다.

2부

사진으로 보는
쇼 제작의 실제

1장 스튜디오에서의 TV 음악 쇼 제작 과정
– 〈쇼! 음악중심〉

매주 토요일 오후 3시 30분에 MBC에서 방송되고 있는 〈쇼! 음악중심〉의 연출 및 시스템의 준비 과정을 사진을 중심으로 하여 순차적으로 정리해 보았다. 많은 스태프들이 각자의 분야에서 동 시간 동안에 자신의 역할을 다하고 있음을 확인해 볼 수 있다. 사진 설명을 통하여 생방송 쇼의 준비 과정을 보다 쉽게 살펴보자.

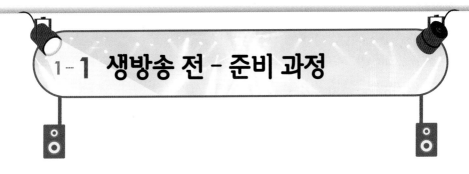

1—1 생방송 전 – 준비 과정

(1) [D-5] 월요일

❶ 출연자 캐스팅

〈쇼! 음악중심〉 생방송의 공식적인 준비가 시작되는 월요일에는 쇼의 가장 기본이자 중요한 부분인 출연자를 선정한다. 사전에 출연요청을 해온 가수 팀들을 리스트업 하며, 연출자와 매니지먼트 담당자가 미팅을 갖는다.

▲ MBC 예능본부 내의 〈쇼! 음악중심〉 회의실

이 회의실에서 매주 월요일에 그 주 출연을 원하는 가수의 매니지먼트와 제작진의 캐스팅 미팅이 이루어진다.

❷ 세트 회의

생방송 전주 금요일에 세트 디자이너와 연출자, 작가가 무대 콘셉트에 대한 아이디어를 나누면, 월요일에 세트 디자이너가 세트 도면으로 구현해 가져온다. 전체 무대 세트와 사전 녹화용 세트를 최종적으로 보완하고 확정한다.

▲ 연출자가 세트 디자이너와 작가와 함께 회의실에서 이번 주에 진행할
생방송용 쇼의 세트 도면을 보며 회의를 하고 있는 모습

주어진 예산 안에서 음악의 분위기를 최대한으로 살려야 하는 만큼, 세트와 관련된 회의는 최종안이 나올 때까지 신중한 회의를 3~4회 이상 거듭한다.

(2) [D-4] 화요일

❶ 큐시트 작성

캐스팅이 확정된 출연자와 곡들을 바탕으로 큐시트가 작성된다. 기획 과정에서 편성본부와 협의해 주어진 편성 시간을 준수하여 무대의 수와 곡의 길이, MC의 멘트 시간 등을 초 단위까지 세세히 계산해 작성한다.

순서	제목	시간		출연자	내용	VIDEO	AUDIO	위치	조명	LED	의상	CG/자막	소품/특효	비고
1	Title	00:20	00:20		★ 가상 광고 자막 ★	VPB	SOV							
2	전 CM	02:30	02:50			VPB	SOV							
3	VPB	00:05	02:55		연령등급고지	VPB	SOV							
4	M - 1	03:15	06:10	에이티즈	< 해적왕 >		MR H2(후면 반), 헤드셋8(자체)	중앙		불게 치오르는 남은 빛불처럼 / 바로 점멸로고 / 얼어있는 빛을 틈나면서 / 빠르게 무빙	그레이 블랙 화이트		5발(신문지)	댄서6 이어모니터8
5	오프닝	01:30	07:40		❶ 3MC 오프닝		H3	MC석				자막(날로)		
6	M - 2	03:35	11:15	MXM	< Knock Knock >		MR 헤드셋2(자체)	중앙		일렁이는 빨간 칸 사이로 / 발걸음 무빙하고 점멸로고 / 바키는 정원 및 극원 초래로 / 번지는 듯한 일정을 전신 무빙	네이비 데님			댄서4 이어모니터2
7	VPB	00:10	11:25		▶ Hot Debut ID : 드림노트	VPB	SOV							
8	M - 3	03:15	14:40	드림노트	< DREAM NOTE >		MR 헤드셋8(자체)	중앙		인딸, 노트, 가랜드와 함께 / 중앙에 청명감고 / 톡톡 치오는 꽃한 칸가루아 / 알리를 도는 다양하게 무빙	핑크 화이트			이어모니터8
9	M - 4	03:40	18:20	아이즈원	< 라비앙 로즈(La Vie en Rose) >		MR 헤드셋12(자체)	중앙		데핑 X-ray 장미 일렁이고 / 무비컬러에 불길이 번지고 / 수채빛스럽게 분열 좋심되면	레드 블랙 화이트		불기둥(작은비)	이어모니터12
10	Ment	01:00	19:20		❷ ment		H3	MC석						
11		09:00	28:20		Under Nineteen MV · 녹음 편집									
12	Ment	00:45	29:05		❸ ment		H3	MC석						
13	M - 5	03:15	32:20	위키미키	< Crush >		MR 헤드셋8(자체)	중앙		불초한 과하과 일렁로고 / 다양한 색상의 얇음 / 이드 이름로 조래 무빙	화이트 핑크			이어모니터8
14	M - 6	03:25	35:45	Stray Kids	< I am YOU >		MR H3(상반 정호 장), 헤드셋6(자체)	중앙		점원 및 극원 전신 주브고 / 시각 넓은 연락 조개 무빙 / 깨진 뒤신 라인 스포트라이트 효과와 함께 이닐 무빙	블랙 블루 그레이			이어모니터6
15	M - 7	03:45	39:30	골든차일드	< Genie >		MR 헤드셋10(자체)	중앙		삼각해한 퍼로 침명 및 극원 / 치한 화상초 초점고 / 삼부 전 베에게 칼리 제안지 화려서 무빙	그린 블랙 네이비			이어모니터10
16	Ment	00:45	40:15		❹ ment		H3	MC석						
17	VPB	00:07	40:22		▶ Comeback ID : 구구단	VPB	SOV							
18	M - 8	02:10	42:32	구구단	< Be myself >		MR 헤드셋8(자체)	중앙		내초간과 느낌의 일부 → 발라더 일렁이라 원부 → 말을기 움니치인이 초리운				이어모니터8
19	M - 9	03:10	45:42		< Not That Type >		MR 헤드셋8(자체)	중앙		색조와 이불리는 스포트라이트 무빙 → 사각 화려한 전심 화이로	블랙 화이트 블루	·사전SET 일반 로고 거치사인 백색		이어모니터8
20	M - 10	03:30	49:12	온스타엑스	< Shoot Out >		MR H2(우측 아이권), 헤드셋5(자체)	중앙		총구모양 및 반지로어 무빙 → 치치치 효과와 함께 치한 패던 기울지 무빙	블랙			이어모니터7
21	Ment	00:50	50:02		❺ ment		H3	MC석						
22	VPB	00:07	50:09		▶ Comeback ID : 트와이스	VPB	SOV							
23	M - 11	03:15	53:24	트와이스	< BDZ(Korean Ver.) >		MR 헤드셋(자체)	중앙		블랙 일정 사인에 흘러들한 / 원명 및 극원 와드 밀니고 / 녹아든 듯한 다양한 이드 해로그 무빙	과음 그린 블랙 블랙			이어모니터8
24	M - 12	04:00	57:24		< YES or YES >		MR 헤드셋9(자체)	중앙		블랙 이블리라 / 연 일렁이라 → 일렁로 해던 곤아지로	화이트 화이트 레드	·사전SET 헤드 글로 스면로곤 용산	불기루(빌라하트)	이어모니터9
25	VPB	00:07	57:31		▶ Comeback ID : 케이윌	VPB	SOV							

▲ 〈쇼! 음악중심〉의 생방송 큐시트

〈쇼! 음악중심〉의 큐시트를 보면 16~17팀의 가수가 출연한다. 이 무대는 토요일 오후에 생방송으로 나가는 만큼 방송 시간을 엄격히 준수하여 시간을 분배해야 한다.

❷ 스태프 회의

스태프 회의는 캐스팅된 출연자와 곡들, 세트 디자인과 생방송 운용 계획 등을 스태프들과 공유하는 회의이다. 연출자와 작가진, 기술 감독, 카메라 감독, 조명 감독, 세트 디자이너, 진행 감독 등의 스태프가 참가한다. 쇼 제작에 참여하는 각 분야 담당자들의 의견을 반영하고 조율하는 중요한 자리이다.

▲ 각 분야 스태프들의 화요일 회의 모습

스태프들은 쇼의 큐시트와 세트 디자인 도면을 바탕으로 각각의 의견을 주고받는다.

(3) [D-3] 수요일

❶ 대본 집필

수요일에는 출연이 결정된 가수와 선정된 곡, 스태프들의 회의를 바탕으로 작가가 생방송 대본을 집필한다.

❷ 순위 집계 작업

담당 작가가 순위 선정 업체와 컨택해 생방송에서 발표할 순위를 집계한다. 음원 점수, 동영상 재생 수, 시청자 투표 수 등 소정의 기준으로 4위부터 30위까지의 팀을 선정하고, 상위 3개 팀은 생방송 중에 문자 투표를 통해 최종적으로 순위를 결정하게 된다.

▲ 〈쇼! 음악중심〉의 작가들이 생방송을 준비하는 모습

❸ 콘티 작업

연출자는 출연 팀이 제작진에게 보내오는 가사지를 바탕으로, 카메라 워킹을 구성하는 '콘티' 작업을 시작한다.

▲ 연출자가 작성중인 콘티. 음악을 여러 번 들으며 계속 수정해 나가므로
콘티 초안은 연필로 작성한다.

콘티는 완성이 되는 대로 카메라 팀, 기술 팀, 조명 팀 등 모든 스태프들과 공유한다. 카메라 워킹은 물론 조명이나 특수효과 등 연출자가 특별히 요청하고 싶은 부분도 콘티에 기록한다.

(4) [D-2] 목요일

❶ VCR 편집

조연출이 생방송 중간 중간에 삽입될 컴백 ID, 순위 소개 VCR을 만든다.

▲ 〈쇼! 음악중심〉 조연출이 생방송 중 플레이될 VCR을 만들고 있는 모습

❷ 무대 바닥 설치

목요일(D-2)은 기본적으로 미술 파트가 세트 바닥을 설치하기 시작한다. 오전에는 전날(수요일)에 다른 방송을 위해 제작된 세트를 철수하고 도면에 의한 이번 쇼 무대의 바닥을 설치한다. 무대 바닥은 나무로 제작된 덧마루(현장에서는 '니쥬'라고 통용)와 받침목(아시)을 기본으로 구성된다.

▲ 목요일 스튜디오 한쪽에 준비한 덧마루(니쥬)

▲ 스튜디오에 덧마루를 설치하는 모습

스튜디오 바닥은 기본적으로 검은색 아크릴을 깔고 그 위에 덧마루를 설치한다. 검은색 아크릴을 바닥에 설치한 이유는 공중에 설치한 조명의 빛 반사를 완화시키기 위함이다.

(5) [D-1] 금요일

❶ VCR 종합편집

편집된 VCR 가편집본에 음악, 효과, 화면 효과 등을 입혀 완제품을 제작하는 종합편집(종편) 작업이 이루어진다. 큐시트 상 먼저 틀어지는 순서대로 제작해 부조정실로 전송하면 생방송 당일에 영상 담당자가 연출자의 큐 사인에 맞춰 플레이한다.

▲ 종합편집실에서 기술 감독, 조연출, VCR 담당자가 생방송에서 플레이될
컴백 ID VCR 완성본을 만들고 있는 모습

❷ 큐 카드 제작 및 프롬프터 작업

완성된 대본을 MC들이 편하게 볼 수 있게 큐 카드와 프롬프터로 작업한다.

▲ 부조정실 단말기에 입력되어 있는 MC 멘트. 생방송 중 MC석 프롬프터로 송출된다.

대본의 MC 멘트는 생방송 전날 프롬프터 담당자에게 넘겨두고, 큐 카드는 생방송 전날 막내 작가가 제작해 MC들에게 전달한다.

▲ 〈쇼! 음악중심〉의 생방송에서 사용되는 큐 카드

❸ 무대 제작

생방송 전날인 금요일은 새벽부터 트러스와 조명 작업이 진행된다. 세트나 조명에 사용될 트러스는 목요일 오후에 스튜디오 주변에 입고를 시켜 금요일 새벽 6시에 설치를 시작한다. 보다 원만한 진행을 위하여 협력업체 조명 팀에게 목요일 오후에 임차된 조명 장비를 스튜디오 주변에 입고하게 하는 편이다.

▲ 장비가 설치되기 전인 금요일 새벽 6시의 스튜디오 전경

기본적으로 〈쇼! 음악중심〉의 무대는 바닥만 깔려있는 세트를 기본으로 시작한다. 바닥 세트는 쇼의 특성상 스탠딩이나 보다 안정적인 카메라의 앵글을 위해 90㎝나 120㎝(현장에서는 3자 또는 4자) 높게 설치하여 제작을 한다.

▲ 세트 및 조명용 트러스가 입고된 장면

　무대 위에 미술 세트가 세워져 있으면 트러스의 구조물을 설치하기가 매우 힘들기 때문에 맨바닥 상태에서 세트와 조명 도면에 의한 트러스 구조물을 가장 먼저 설치하게 된다. 기본적인 트러스는 은색 알루미늄인데 방송에 쓰이는 트러스의 색이 검은 이유는 방송 제작 시 카메라에 트러스의 노출을 피하기 위해서 검은 칠을 한 것이다.

▲ 세트 및 조명용 트러스가 입고된 장면

　영상 장비는 생방송 전날인 금요일 오전에 입고된다.

▲ 영상 장비(LED)의 입고 모습

오전에 입고를 마친 영상 장비는 트러스나 세트가 어느 정도 완성된 이후 작업을 시작한다.

▲ 스튜디오 한쪽에 입고된 영상 장비

최근의 조명 장비는 튼튼한 조명 케이스에 보관 이동한다. 조명 장비는 조명 감독이 도면에 표시한 장비 이외에 문제가 생기면 바로 교체할 예비 장비(5~10%)를 포함해 준비한다.

▲ 무대 앞쪽에 준비 중인 조명 장비

트러스와 조명 장비의 설치는 크게 두 가지로 나누어지는데 80% 이상 무대 위에 떠어 사용하기 때문에 조명 배튼과 세트 배튼을 사용한다. 배튼의 조작은 다른 프로그램과 달리 많은 장비 등이 매달려 있기 때문에 경험이 많은 운용 요원이 조작을 한다.

▲ 조명 및 세트 부착용 트러스를 조립하고 있는 모습

세트 및 조명 도면을 분석해 트러스 설치 팀이 트러스를 무대 바닥에서 조립하는 모습이다. 트러스 조립 시 사진과 같이 대칭이 아닌 경우는 보다 정확하게 조립을 해야 하기 때문에 세트 위치와 트러스의 위치에 대해 정확한 판단을 해야 한다.

▲ 배튼에 와이어나 실링 안전바(밧줄)로 매다는 트러스

트러스는 배튼에 부착한 뒤에 와이어 또는 실링 안전바(밧줄)를 사용하여 천장부에 매달게 된다. 공중에 띄우는 관계로 실링 안전바의 위치에 따라 트러스가 앞뒤 또는 좌우로 위치가 이동하기 때문에 정확한 포인트의 안전바의 설치가 필요하다. 일반적으로 트러스만 배튼에 매단 후 상승과 하강을 반복하면서 정확한 위치를 선정해 작업을 하게 된다.

▲ 설치가 끝난 트러스에 조명 장비를 설치하는 모습

조명 도면에 표시된 조명 장비를 조명 설치 요원이 작업 중이다. 세트나 조명 도면과 조명 장비의 위치가 문제가 생기는 경우 조명 감독은 미술 감독과 현장에서 협의하여 즉시 수정하기도 한다. 조명 장비에 필요한 전원과 신호선은 조명 배튼에 있는 전원과 신호라인을 사용하고 조명 장비 설치 전에 미리 포설을 한다.

▲ 조명 무빙 라이트에 어드레스를 지정하는 작업

무빙 라이트의 운용은 전원을 공급하고 움직임과 여러 가지 색이나 문양을 조정하기 위하여 라이트의 시스템상 위치를 표시하는 주소(어드레스)를 지정하는 작업을 한다. 주소의 지정은 직렬연결 형태로 구성이 되는데 현장에서는 '어드레스를 정한다'라는 표현을 하고 많은 라이트라도 보통 1~2명이 주소를 지정한다. 왜냐하면 여러 사람이 나누어서 진행을 하다 잘못 입력시키는 경우에 수정하는 데 더 많은 시간이 걸리기 때문이다.

▲ 트러스에 조명 장비 설치를 마친 후 조명을 켜고 확인하는 작업

설치가 끝난 조명 장비를 점등시켜 램프나 장비의 이상이나 또는 주소를 올바르게 지정했는지를 확인하는 작업이 필요하다. 왜냐하면 트러스를 상승시킨 이후에 문제가 생기면 수정하는데 많은 어려움이 있기 때문이다.

▲ 영상이나 조명 설치를 마친 트러스를 띄운 후 무대 바닥에 세트를 설치하는 모습

　미술 감독이 설계한 도면을 바탕으로 세트 팀에서 세우는 세트 작업을 시작한다. 세트를 세울 때 공연장에서 많이 사용하는 레이어 구조물은 임차료가 비싼 관계로 사진과 같이 보다 값싼 철골 구조물(아시바)을 사용하기도 한다.

▲ 영상이나 조명 설치를 마친 트러스를 띄운 후 무대 바닥에 세트를 설치하는 모습

　방송에서 사용하는 모든 영상 장비(LED)는 외주 협력업체에서 임차하여 사용한다.

▲ 영상 모니터가 연결된 상태

사진과 같이 여러 대의 LED 모니터를 가로 세로(〈쇼! 음악중심〉에 사용하는 타일의 사이즈는 45cm×45cm)로 연결해 사용한다.

▲ 영상 모니터의 뒷면

영상 모니터의 뒷면은 전원선과 신호선으로 연결되는데 출력 단자와 입력 단자, 그리고 전원선(power supply)으로 구성된다. LED 모니터는 전압에 매우 예민하여 안정적인 전원 공급이 되어야 하기 때문에 별도의 전원선(power supply)을 사용한다.

▲ 영상 모니터가 트러스에 부착된 모습

트러스에 영상 장비를 부착할 때 사이즈가 맞지 않은 경우에는 사진과 같이 미술에서 사용하는 각재(현장에서는 인치각으로 통용)를 사용해 흔들리지 않도록 고정시킨다.

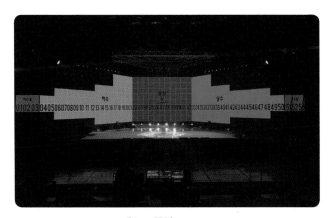

▲ 테스트 중인 LED WALL

설치를 마친 영상 모니터는 사진과 같이 테스트 영상을 띄워 정상 작동 여부를 확인한다. MBC의 경우 무대 뒤쪽의 모니터는 LED의 CELL 간격에 여유가 있는 11mm 타입을 사용하고 MC석 뒤의 모니터는 카메라에 바로 보이는 관계로 cell의 간격이 촘촘한 4mm 타입의 모니터를 사용한다.

▲ 설치가 끝난 영상 모니터에 VJ가 다양한 영상을 띄운 상태

　영상 소스는 회의를 통해 결정된 영상 콘셉트를 VJ가 디자인하여 노래의 콘셉트와 이미지에 맞게 당일 현장에서 구현되어야 하므로 설치 후 샘플 영상을 통해 이미지가 이상 없이 잘 나타나는지 확인해야 한다.

▲ 무대 바닥에 영상 장비 설치를 마치고 바닥에 조명 장비를 추가 설치한 모습

조명 장비가 제대로 작동이 되는지를 테스트해 문제가 있는 경우 즉시 수정한다.

▲ 세트를 보완 · 수정 중인 모습

스튜디오에서 세트가 도면과 차이가 나거나 수정이 요구될 경우 현장에 서 세트 조립 팀이 수정이나 보완을 한다.

▲ 전기 장식 콘솔과 오퍼레이터

〈쇼! 음악중심〉에 사용되는 전기 장식의 기본적인 메모리는 금요일 저녁에 세트가 모두 세워진 상태에서 전식 담당 엔지니어가 콘솔을 사용해 진행한다.

▲ LED BAR를 점등한 모습

전식 감독이 메모리 할 세트에 보다 나은 영상과 조명 효과를 만들기 위하여 조명 감독과 협의하여 색과 분위기를 만들어 프로그램을 극대화시킨다.

▲ 조명 오퍼레이터가 조명 감독으로부터 전달받은 조명 큐시트를 바탕으로
조명 프로그래밍을 하는 모습

　조명 프로그래밍은 음악에 맞추어 조명 연출이 가능하도록 사전에 오퍼레
이터가 콘솔에 조명의 각 파라메타들을 저장하는 과정이다.

1⎯2 생방송 당일

토요일은 전날 설치된 세트나 조명과 영상 장치의 정상적인 작동에 문제가 없는지를 확인하고, 가수의 동선이나 카메라 워킹 시 세트의 문제점에 대한 보완 작업이 진행된다. 그리고 사전 녹화 시 진행되는 별도의 세트에 대한 준비와 특수효과를 체크한다.

드라이 리허설은 생방송 당일 아침 7시 전후에 진행한다. 가수의 소속사가 준비한 음원과 가수의 안무가 노래의 시간 등을 체크에 큐시트의 시간과 이상이 없는지의 여부와 안무의 동선 등을 체크한다. 그룹의 경우에는 가수 옷에 이름표를 부착해 현장 스태프에게 제공하기도 한다.

❶ 드라이 리허설 및 콘티 체크

◀ 생방송 당일 아침 일찍 진행되는 드라이 리허설에서 콘티를 체크하는 연출자

▲ 무대 왼쪽에 위치한 VJ석

영상 LED의 모든 영상 소스는 스튜디오 내의 VJ가 담당한다. 자체적으로 가지고 있는 영상과 기획사에서 보내준 영상 및 연출 팀에서 의뢰한 영상 소스를 바탕으로 제작 시 구현을 한다.

▲ 무대 앞쪽에 설치한 특수효과 장치 모습

무대 위에는 사전 녹화를 위해 별도로 스모그 장치나 강풍기와 같은 특수효과 장비를 설치한다.

❷ 사전 녹화 및 카메라 리허설

드라이 리허설과 콘티 체크까지 끝나면, 오전 9시경부터 생방송 직전까지 사전 녹화와 카메라 리허설이 진행된다.

▲ 사전 녹화 중인 스튜디오와 부조정실

생방송 〈쇼! 음악중심〉은 약 17~18팀의 가수가 출연하는데, 구성에 따라 다르지만 7~8곡 정도는 방송 당일에 사전 녹화로 진행한다.

▲ 사전 녹화 촬영 모습

대개 1번의 리허설과 2번 정도 녹화로 진행하며 1곡의 제작 시간은 20~30분 정도 소요된다.

▲ 무대 뒤의 모니터 석

    사전 녹화를 마친 가수가 무대 뒤에서 자신의 녹화된 영상을 스튜디오 스태프와 함께 모니터하면서 재촬영 여부에 대한 점검을 한다.

▲ 카메라 리허설을 준비 중인 아이돌 가수

    카메라 리허설 시 스태프 등을 위해 아이돌과 같은 집단 출연자들은 상의에 본인의 이름표를 크게 부착해 리허설을 진행한다.

▲ 카메라 리허설을 모니터하고 있는 무대 감독(FD)

무대 감독은 제작되고 있는 영상을 보면서 연출자와 소통하며 진행한다.

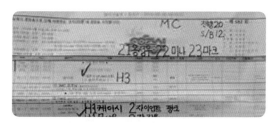

▲ 〈쇼! 음악중심〉 큐시트에 표시된 마이크 번호

MC는 21, 22, 23번 핸드 마이크를 사용하고 진행 감독(FD)은 20번 마이크를 사용한다는 표시이다. 그리고 S/B는 스탠바이의 약자로 마이크 음향 사고 시 대체하는 무선 핸드 마이크 번호를 표시한다.

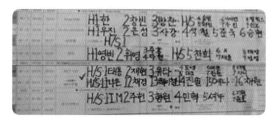

▲ 다소 복잡한 마이크 큐시트

H/S는 헤드셋 마이크를 말한다. H1 또는 H3은 핸드 마이크를 의미한다.

▲ 생방송 스튜디오 옆에 위치한 별도의 음향 콘솔

가수가 노래를 부를 때, 본인의 노래 소리를 잘 들을 수 있도록 무대 위 가수의 음향 모니터와 인이어 모니터를 별도로 컨트롤 한다. 스튜디오 별도의 공간에 외부 업체의 장비를 임차해 운영한다.

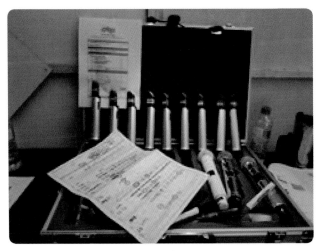

▲ 가수가 사용할 무선 마이크

큐시트와 사전에 표시된 마이크를 스튜디오 음향 스태프가 확인해 가수에게 나누어주고 방송이 끝나면 바로 회수한다.

▲ 하나의 사전 녹화가 끝난 후 무대 바닥을 청소하고 있는 모습

특수효과(꽃가루 등)를 사용하면 바닥에 많은 꽃가루가 떨어진다. 따라서 다음 무대를 위해서 무대 진행 팀은 걸레와 청소기를 사용해 신속하게 무대를 청소한다.

▲ 다음 사전 녹화를 준비 중인 무대 감독

무대 바닥 등을 정리하는 동안에 연출자는 작가 등과 협의해 다음 사전 녹화를 보다 신속하게 진행하기 위해 준비를 한다.

❸ 생방송 시작!

부조정실의 입구에 방송 중임을 알리는 빨간 불이 표기된다.

▲ 부조정실에서 생방송을 진행하고 있는 모습

▲ 생방송 진행 중에 카메라를 컨트롤하고 있는 영상 감독의 모습

▲ 무대 위에 의자를 이용해 춤과 노래를 하고 있는 아이돌 가수의 생방송 장면

생방송에서 소품을 사용하는 경우에는 사전에 설치하고 활용하기 위해 시간을 계산하고 연습을 하는 등 철저한 준비가 요구된다.

▲ 생방송 무대 전체 장면

전체 화면에서는 공중의 전식과 조명 빔과 영상이 노출되어 분위기를 연출한다.

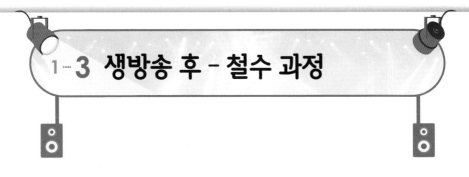

1–3 생방송 후 – 철수 과정

생방송이 끝나면 바닥 세트(덧마루)를 제외하고 모든 장비를 철수하게 된다. 카메라와 음향 장비 등은 비교적 작기 때문에 먼저 철수를 하고 영상이나 세트 및 조명 트러스가 가장 나중에 철수하게 된다. 철수는 기본적으로 설치의 역순으로 진행을 한다.

철수 시 모든 팀이 동시에 작업을 하는 경우가 많아 무대 주변이 어수선해 안전사고가 발생할 확률이 매우 높은 편이다. 특히 대형 구조물이나 트러스를 하강시키는 경우에는 주위를 조용히 시키고 보다 안전하고 정확하게 배튼을 조작하며 진행해야 한다. 최근에는 작업장의 환경 개선과 근로자의 안전을 위해 안전모와 하네스 등을 착용하고 작업에 임한다.

◀ 트러스 철수 장면

트러스의 철수는 바닥에 놓인 다른 장비나 기타 위험 요소가 모두 제거된 후에 설치의 역순에 따라 철수한다.

▲ 하강을 마친 트러스에서 조명 장비를 철수하는 모습

영상 장비를 위해 설치된 각종 케이블을 먼저 철수한 이후에 조명 장비를 철수한다.

▲ 트러스에 부착된 영상 장치를 철수하는 모습

사다리를 사용하여 장비를 철수하는 경우에는 2인 1조로 안전하게 작업해야 한다.

▲ 영상 장치를 제거하고 하강하는 트러스의 모습

대형 트러스의 하강 시에는 가급적 무대 바닥에 다른 트러스나 세트가 없어야 보다 안전하게 작업을 진행할 수 있다.

▲ 내려온 트러스에서 실링 안전 바를 철수하는 모습

장치의 철수는 특수효과 등으로 인하여 바닥이 지저분하고 복잡하기 때문에 서두르지 말고 안전하게 작업해야 하고 작업자는 반드시 장갑을 끼고 작업해야 한다.

▲ 트러스에서 조명 기구를 철수하는 모습

조명 효과기는 트러스를 바닥에 완전히 하강하지 않고 작업자의 키 높이
만큼 내려놓은 상태에서 작업을 하는 것이 가장 이상적이다.

▲ 트러스를 바닥에 완전하게 내려 마무리하여 철수하는 장면

　　2019년 상반기부터 모든 작업장에서 시행하고 있는 산업안전보건법에 따라 야외나 스튜디오의 방송 제작 현장에서 무대 제작이나 설치 및 방송 장비 설치 시에 산업 안전 수칙에 의한 공인된 사다리와 작업모, 하네스를 사용 및 착용하고 있습니다. 하지만 책을 집필하는 과정에서 일부 부득이하게 시행령 이전에 촬영한 현장 작업 사진을 사용하게 된 점을 독자 여러분께 깊은 사과와 양해의 말씀을 드립니다.

2장 야외 TV 음악 쇼 프로그램의 제작 과정

야외에서 제작되는 TV 음악 쇼 프로그램은 스튜디오 제작과는 무대와 시스템 제작 부분에 있어 많은 차이점이 있다. 어떤 차이들이 있는지 사진을 통해 살펴보도록 하자.

❶ 공연 현장의 분석과 무대 디자인

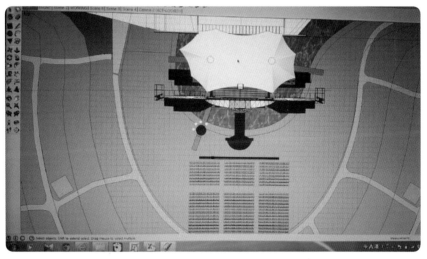

▲ 〈임진각 평화콘서트〉의 공연장이 이루어질 평화 누리 공연 공연장을 스케치업이라는
컴퓨터 프로그램을 통해 3D 형태로 재현한 모습

　연출을 포함한 제작 관련 모든 스태프들이 사전 답사를 통해 공연이 이루어질 공연장에 대한 모든 정보를 사전에 입수하여 공간에 대한 충분한 분석과 준비를 진행한다.

　야외 제작의 경우에는 무대의 기본 시설이 이미 갖추어진 실내가 아닌 야외라는 환경으로 제한적 상황이 있으며, 이로 인한 돌발적 상황이 수시로 발생할 수 있다. 때문에 지형적 특성, 일몰 시각, 태양의 이동 경로, 배수, 현장의 전기 및 도로, 상점, 주변의 조명 및 음향의 제한 요소 등에 대한 정보가 반드시 요구된다.

특히 야외 공연의 경우에는 많은 사람들이 운집하기 때문에 무대 설계 이전부터 안전 문제에 각별히 신경을 써야 한다.

미술 감독은 스케치업이라는 컴퓨터 프로그램을 통해 축척을 이용하여 정밀한 디자인이 가능하여 현장에서의 오류를 최소화 할 수 있다. 또한 야외에서는 무대의 중심이나 방향과 위치 등이 매우 중요하기 때문에 지도를 통해 무대의 상대적인 위치를 잘 파악하는 것이 중요하다.

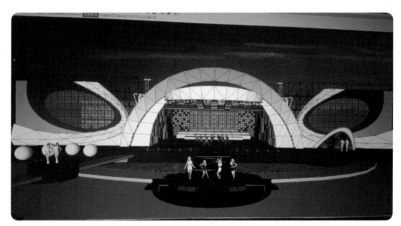

▲ 〈임진각 평화콘서트〉의 무대를 정면에서 본 3D 장면

공연이 이루어질 곳에 대한 분석이 마무리 되면 수집, 분석된 자료를 바탕으로 미술 감독이 디자인을 실시한다. 스케치업 프로그램의 3D 화면을 통해 미리 공연장에 대한 기본적인 세트의 구조를 확인 할 수 있다. 무대에 대한 각종의 상세한 내용은 별도의 미술 제작 도면을 통해서 확인할 수 있다.

미술 디자인이 확정되면 이를 바탕으로 각 팀은 각자에게 필요한 부분들을 협의하고, 이 협의를 바탕으로 무대를 준비한다.

❷ 공연 현장의 무대 준비

▲ 〈임진각 평화콘서트〉 무대에 쓰일 레이어 구조물 자재

무대의 기본 골격인 레이어 구조물은 철제로 제작되어 있어 무게가 상당하기 때문에 지게차와 대형 화물차 등을 사용해 이동한다.

▲ 〈임진각 평화콘서트〉의 준비 중인 세트 관련 레이어 장비 모습

사용할 장비나 사용한 장비의 보관은 안전을 위해 사람의 왕래가 적은 곳이나 잔디를 보호하기 위하여 도로 등의 콘크리트 바닥에 적재를 해야 한다.

▲ 트러스나 레이어, H빔 등을 활용하여 〈가요대제전〉에 쓰일 야외무대를 만들고 있는 모습

야외 프로그램의 경우에는 무대를 위한 기본 시설물이 없기 때문에 트러스나 레이어, H빔 등을 활용하여 무대의 기본 골격을 제작하는 것이 일반적이다. 야외의 경우에는 체인 모터나 바턴 등이 없기 때문에 무거운 것들을 옮기기 위하여 크레인 등으로 작업을 진행한다.

▲ 잔디 위에 잔디 보호용 매트로 잔디를 보호하는 〈임진각 평화콘서트〉의 무대 설치 모습

무대나 객석의 바닥이 잔디로 되어있다면 잔디 보호 매트를 설치해 잔디의 망실을 최소화해야 한다.

▲ 보도블록이나 아스팔트의 경우 구조물 위에 〈가요대제전〉의 무대를 설치하는 모습

　보도블록이나 아스팔트의 경우 구조물의 하중이나 충격으로 인해 깨짐을 막기 위해 나무판을 설치하여 바닥을 보호한다.

❸ 무대의 설치 및 준비 과정

▲ 〈가요대제전〉의 야외무대 설치 모습

　일반적으로 레이어가 어느 정도 정리되면 무대 바닥과 작업자들의 안전한 이동을 위해 계단 및 통로, 안전을 위한 각종 안내 현수막, 출입 통제선 등을 설치한다.

▲ 〈가요대제전〉 무대의 현수막과 출입 통제선

통행자의 안전을 유지하고 통행의 불편에 대한 사과를 위해 이와 같이 통제선과 현수막을 설치하는 것도 중요한 업무 중 하나이다.

▲ 〈임진각 평화콘서트〉의 레이어를 설치하는 모습

레이어는 아시바와는 달리 모든 조립 구조가 일체형으로 되어 있어 바람이나 기타 외부의 충격에 튼튼한 구조로 최근 야외 공연 세트의 베이스 구조물로 가장 많이 사용하고 있다.

▲ 〈임진각 평화콘서트〉의 무대 전면 레이어 구조물을 모두 세운 모습

▲ 〈가요대제전〉의 레이어 구조물을 설치하는 모습

레이어가 설치되면 구조물에 디테일을 더해 줄 트러스를 설치한다. 야외 무대는 대부분 거대한 철제 구조물로 만들어지기 때문에 레이어 위에 트러스 설치를 위해서 크레인을 이용하여 작업을 진행한다.

▲ 〈임진각 평화콘서트〉의 객석 중앙에서 본 세트

기본 세트는 공연 4일 전부터 작업한다.

▲ 〈임진각 평화콘서트〉의 하수 쪽에서 바라본 평화 누리 공원 전경

공연장에 비스듬한 잔디 언덕으로 되어 있어 관객이 별도의 의자 없이 바닥에 앉아 관람이 가능하다. 야외 공연에서 객석의 시야와 주변의 지형 지물은 매우 중요하다.

▲ 〈임진각 평화콘서트〉의 고정 무대에 설치된 자체 전원 차단기
200(A)×220(V)=44000(W) 약 40KW

발전기 비용을 다소 절약하기 위하여 사전 답사 시 자체 전원을 사용하기도 하고 200A의 차단기는 약 40KW의 전원 사용이 가능하다. 만약 주변에 지원되는 전원이 없다면 발전차를 사용해야 한다.

▲ 설치 중인 〈가요대제전〉의 무대의 기본 골격의 모습

무대의 기본 골격인 레이어와 트러스가 일정 수준 이상 진행되면 조명과 영상 장비를 설치한다. 이때 비와 눈을 대비하여 장비에 비닐 커버를 씌우거나 방수 기능이 있는 장비를 설치해야 한다.

▲ 〈임진각 평화콘서트〉의 조명 팔로우 스팟용 타워 레이어 설치 모습

레이어 구조물에 사다리를 설치하고 발판을 만들어 조명 공연 시에 스태프가 안전하게 올라가 조명을 조정한다.

▲ 〈임진각 평화콘서트〉의 무대 안쪽에 설치 중인 영상 모니터

▲ 〈임진각 평화콘서트〉에서 설치한 조명등 기구를 점등하여 확인하는 모습

　본격적인 조명 포커싱을 하기 전에 일부 시설한 조명 기기를 미리 점등하여 확인하는 것이 좋다.

▲ 〈가요대제전〉 무대 제작의 마지막 단계

　무대 제작의 마지막 단계에는 세트의 디테일을 위한 마감을 한다. 바람의 저항 등을 고려하여 필요한 부분은 바람이 통할 수 있도록 구멍을 뚫어 처리한다.

▲ 〈임진각 평화콘서트〉의 공연 전날 오전의 흐린 모습

야외 공연은 날씨가 가장 큰 변수이다. 특히 여름은 바람과 우천이 공연에 많은 지장을 준다.

▲ 〈임진각 평화콘서트〉의 무대 앞 객석에 의자를 설치하는 모습

공연 당일에 주로 인력을 채용해 객석의 의자를 가는 실 등으로 일정하게 간격을 맞추어 설치한다. 경우에 따라서는 객석 의자에 좌석표를 부착하기도 하고 의자끼리 묶어 설치하기도 한다.

▲ 〈임진각 평화콘서트〉의 무대 앞쪽에 간이로 설치한 조명 콘솔

　조명 포커싱을 원활하게 진행하기 위해서 무대 앞쪽에 조명 콘솔을 간이로 설치하여 진행하기도 한다. 낮에는 조명 패치와 조명등 기구를 확인한 후 20시 이후에 주위가 어두워지면 조명의 각도를 조절하는 작업을 진행한다.

▲ 〈가요대제전〉의 조명과 영상 등의 조정 작업을 하는 모습

　날이 어두워진 후에는 조명과 영상 등을 켜서 공연을 위한 각종 조정 작업 등을 실시한다.

▲ 〈임진각 평화콘서트〉의 무대 하수 뒤쪽에서 본 장면

　세 대의 간이 천막이 설치되어 있고 하우스 음향으로 조절하는 음향 콘솔과 특수효과 콘솔 등이 비치되어 있다. 또한 아티스트가 무대에 올라가기 전에 이곳에서 마이크나 인이어 모니터를 준비하며 대기하는 곳이기도 하다.

▲ 〈임진각 평화콘서트〉의 공연 전날 조도를 체크하는 모습

　야외에서는 주위가 어두워야 빛의 조명을 확인하여 조정이 가능하다. 무대를 비추는 팔로우 조명의 조정 또한 야간에 진행한다.

▲ 〈임진각 평화콘서트〉의 조도와 색온도 조정을 마친 팔로우 조명으로
카메라 화이트 밸런스를 조정하고 있는 모습

 공연 당일은 공연 시작 시각이 일몰 이전 시각이라 완전히 어두워지지
않아 카메라의 화이트 밸런스를 체크하여 조정하는 것은 어렵기 때문에
전날 밤에 미리 해야 한다.

▲ 〈임진각 평화콘서트〉의 공연 당일 오전의 공연장 모습.
안전 펜스를 설치하여 객석과 통로를 분리한 모습이다.

 방송사의 공연은 기본적으로 무료 공연이어서 많은 관중이 온다. 따라서
공연을 진행할 때 연출진 및 스텝들은 안전관리 및 경호 팀과 함께 출연자
와 관중의 안전을 최우선으로 하여 진행해야 한다.

▲ 〈임진각 평화콘서트〉의 무대 시스템 컨트롤 석 위치

무대 시스템을 컨트롤하는 곳은 원활한 방송 진행을 위해 관객 등에 의해 방해받지 않도록 주변에 안전 펜스를 설치한다.

▲ 〈임진각 평화콘서트〉의 잔디 바닥에 설치한 접지

야외 공연에서는 많은 파트에서 전기를 사용하는데, 이때 전력이 100% 사용되지 않고 일정 부분은 잉여 전력으로 남는다. 이런 잉여 전력은 무대에서 사람이 감전되거나 기타 장비에 영향을 줄 수 있어 사진과 같이 땅으로 흘려보내는 장치를 한다.

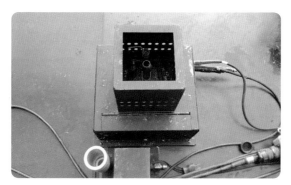

▲ 〈임진각 평화콘서트〉에서 특수효과 장치를 설치한 모습

공연의 분위기를 북돋우기 위해 설치한 특수효과 장치는 화약 등을 사용하기 때문에 스파크와 낙진에 의한 화재에 많은 신경을 써야 한다.

▲ 오전에 카메라 리허설을 하고 있는 〈임진각 평화콘서트〉의 모습

야외 공연은 주로 일몰 이후에 이루어지기 때문에 방송 당일 오전 혹은 오후에 진행되는 카메라 리허설에는 조명 감독이 참여하여 전반적인 진행 상황을 체크하고, 나머지 조명 팀 스태프들은 전일 밤과 리허설 시간 동안 조명 포커싱 및 시스템을 예비 점검한다.

▲ 〈가요대제전〉의 카메라 리허설 모습

　카메라 감독들은 카메라 리허설을 통해 아티스트의 안무와 동선을 체크하고 카메라의 이상 동작 유무와 세부적인 내용 등을 테스트 한다.

▲ 〈임진각 평화콘서트〉를 관람하기 위해 오전부터 대기 중인 관람객들

　임진각 평화 누리 공연장은 경사가 비스듬하게 되어 있고 넓은 잔디로 이루어져 있어서 오전부터 텐트를 치고 대기하는 매니아 방청객이 오기도 한다.

❹ 방송 시스템의 준비 과정

▲ 〈가요대제전〉 공연을 위해 대기하고 있는 중계차들의 모습

중계차는 보통 리허설 하루 전일에 도착하여 방송을 전송하는 것에 요구되는 시스템을 구성한다.

▲ 〈가요대제전〉을 위해 준비 중인 MBC의 오디오 중계차

야외 음악 프로그램의 경우에는 품질 높은 음향 제작을 위해 별도의 오디오 중계차 나가는 경우가 종종 있다. 사진은 MBC가 보유한 오디오 전용 중계차이다.

▲ 〈가요대제전〉을 중계하고 있는 중계차 내부의 모습

　야외의 경우에는 시스템을 갖춘 중계차를 이용해 녹화 또는 생방송을 중계한다.

▲ 〈임진각 평화콘서트〉의 무대 하수 뒤쪽에 위치한 중계차와 발전차의 모습

　발전차나 중계차의 위치 선정 시 가장 고려해야 할 부분은 수평과 메인 케이블의 길이이다. 또한 발전차는 발전기 가동 시에 발생할 수 있는 매연과 소음을 고려하여 위치를 선정해야 한다.

▲ 〈임진각 평화콘서트〉에 쓰일 기기에 전기를 공급할 발전차에 파트의 이름을 부착한 모습

대형 공연에서는 5대 이상의 발전차가 쓰이기 때문에 발전차 옆면에는 각 발전차가 사용하는 파트의 이름을 부착하기도 한다.

▲ 〈임진각 평화콘서트〉의 조명석에서 본 오후 8시 때의 무대 모습

여름의 20시 전후는 아직 해가 완전하게 떨어지지 않아 하늘에 노을이 보이고 있다. 중계의 영상 엔지니어는 공연 시간에 따라 하늘의 색 온도가 수시로 변하기 때문에 많은 신경을 써야 한다.

❺ 특수효과의 사용

▲ 〈가요대제전〉에서 특수효과로 화약류를 사용한 장면

야외에서 화약류를 사용할 때에는 바람의 영향을 반드시 고려해야 한다. 화약의 재가 무대 주변의 인화물질이나 아티스트, 또는 관객에게 떨어지는 안전사고의 우려가 있기 때문에 각별한 주의를 요한다.

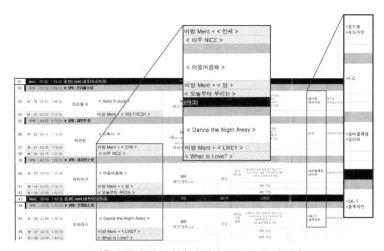

▲ 〈울산 썸머 페스티벌〉의 야외 쇼의 큐시트.(부분)

야외에서 녹화되는 쇼의 경우, 현장 분위기를 더 고조시키기 위해 출연 가수들이 방송되지 않는 곡을 따로 준비해 공연하기도 한다.

실내 무대에서는 안전상의 이유로 제한되어 있는 불꽃, 폭죽 등의 특수효과를 야외무대에서는 비교적 자유롭게 쓸 수 있다. 이러한 특수효과는 큰 규모의 야외무대 관객들을 집중시키는 효과가 있기 때문에 실내 무대에서의 쇼보다 훨씬 많이 쓰인다. 또한, 보통 야외 쇼는 저녁 시간부터 밤까지 녹화되는 경우가 많기 때문에 특수효과가 실내 쇼보다 훨씬 빛을 발한다.

단, 꽃가루 등의 특수효과는 다음 무대 전에 신속히 치워야하는 번거로움이 있기 때문에 현장 관객들이 연결성 있는 공연을 보는 것이 중요한 야외 쇼에서는 잘 쓰이지 않는다.

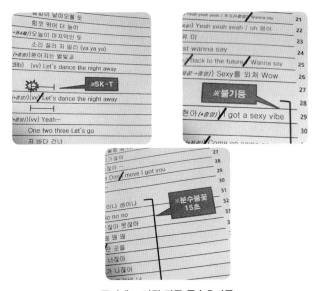

▲ 콘티에 표시된 각종 특수효과들

각종 특수효과들은 주로 곡의 클라이맥스 부분이나 엔딩 부분에 쓰인다. 이러한 특수효과에 맞춰 카메라 앵글도 미리 약속해 두어야 그 효과가 방송에 제대로 적용된다.

❻ 야외 음악 쇼의 특징

▲ 야외 쇼에서 많이 쓰이는 특수효과인 분수 불꽃과 폭죽

불꽃이 터지는 특수효과의 순간은 지미집 샷이나 크레인 샷 등의 큰 앵글로 잡아 TV로 쇼를 보는 시청자들에게도 현장 분위기를 극적으로 전달할 수 있도록 한다.

▲ 야외 쇼에서 많이 쓰는 롱풀샷과 빽풀샷

▲ 야외 쇼에서는 관객의 표정샷이나 관객석 풀샷도 자주쓰인다.

　야외 쇼에서는 쇼의 큰 스케일을 방송에서 보여주기 위해 무대 사이사이와 현장 관객들의 리액션 등을 대형 풀샷으로 많이 잡는다. 이런 컷들을 통해 시청자들은 현장의 축제 분위기를 더욱 실감나게 느낄 수 있다.

▲ 야외무대의 경우에는 주변의 입지적 특성, 지형, 지물, 계절적 환경, 관객의 동선, 지역민들의 불편사항, 안전 문제 등을 종합적으로 고려하여 무대를 설계한다.

❼ 야외 제작 시 파트별 주요 체크 사항

▷ 연출 파트

- 출연자 임시 대기실 확보
- 방송 시 출연자(가수)의 스탠바이 여부
- 사회(MC)와 연출 간의 인터컴 체크
- 출연자의 이동 공간 체크
- 가변 무대 사용 시 FD와 미술팀과의 협업 여부
- 우천 시 준비물 확보 여부 – 우비, 우산, 미끄럼방지 패드, 천막, 밀대 등
- 안전사고 대비 구급차 준비 여부
- 안전을 위한 지역 소방서와 경찰서 사전 체크 여부
- 객석 돌발 상황 시 안전 요원 확보 여부

▷ 미술 파트

- 세트 뒤쪽의 작업등 설치 여부
- 영상 장비의 안정적인 전원 상태
- 특수효과 사용 시 소화기의 비치
- 이동 세트의 안정성 체크
- 무대 위의 가변 세트 조작 시 이상 유무
- 무대 주변 기존 시설물 훼손 여부

▷ 조명 파트

- 우천 시 조명 장비의 비닐 커버 장착 여부
- 우천 시 조명 케이블 누전 여부
- 조명 구조물의 안전성 여부
- 조명 타워 주변의 안전 펜스 여부
- 발전기의 안정성과 비상 전원 확보 여부
- 무대 뒤쪽의 조명을 비롯한 각종 케이블 정리 여부

▷ 음향 파트

- 가수 인이어와 무선 마이크 준비
- 음향 전원의 안정적인 전원 상태
- 무선 마이크 적정 배터리 확인 여부
- 주변 주파수와 혼선 여부

▷ 카메라 파트

- 카메라 거치대의 안전 여부
- 객석과 카메라 주변의 분리 상태
- 우천 시 카메라 장비 보호 여부
- 중계차와 인터컴 확인 여부
- 카메라 뷰파인더 정상 상태 확인

▷ 중계 파트

- 생방송 시 주조정실과의 안정적인 선로 체크
- 녹화 방송 시 백업 녹화 유무
- 각종 송수신기의 이상 유무 체크
- 카메라 감독과 상호 크로스 토킹 체크
- 무대 주변 영상 장비(모니터)의 이상 유무

▷ 특수효과 파트

- 효과기 주변 소화기 비치 여부
- 연출자와 사전 정확한 타이밍 체크 – 리허설 없음
- 가사지 카메라 샷의 정확한 체크
- 효과기의 안정적인 전원 확보 여부
- 효과기 사용 시 출연자와 객석 안전 여부 체크

3장 TV 음악 쇼의 콘티 분석

- 몬스타엑스 'Shoot Out'

3-1 개요

일반적으로 콘티는 영화 또는 드라마의 촬영을 위해 대본을 바탕으로 필요한 모든 사항, 즉 연출자의 세밀한 지시, 카메라의 사이즈와 이동 타임, 컷의 분할, 미장센[1] 등의 모든 사항을 담아둔 기록을 의미한다. 연출자의 모든 생각들이 콘티에 담겨있기 때문에 연출자 외 모든 스텝들은 주어진 콘티를 분석하여, 이를 중심으로 소통하고 의견을 나누어 더 나은 프로그램이 제작될 수 있도록 최선의 노력을 다한다. 따라서 콘티를 정확히 작성하고 분석하는 것은 프로그램의 기초를 튼튼히 하는 일과 다름이 없다고 할 수 있다.

TV 음악 쇼의 콘티는 '곡의 어떤 부분에 어떤 카메라로 어떤 컷을 찍을 것인지를 기록해 놓은 것'이다. 그룹 아이돌과 댄스 음악이 많은 현재의 음악 쇼에서 카메라 컷을 어떻게 구성하느냐에 따라 시청자가 받아들이는 무대의 느낌이 달라진다. 그 정도로 쇼에서 콘티란 매우 중요한 창작 과정이다.

TV 음악 쇼 프로그램에 있어 콘티는 어떻게 작성되는지, 이를 통해 음악이 어떻게 시각적으로 표현되는지를 몬스타엑스의 'Shoot out'이라는 곡의 콘티를 통해 확인해보도록 한다.

---

1) 무대 위에서 등장인물의 배치나 역할, 무대장치, 조명 등에 관한 일체를 말한다.

3-2 콘티 분석을 위한 준비

❶ 곡(Shoot Out)의 분석

몬스타엑스 멤버들은 해당 앨범에서 빛과 어둠, 선과 악, 삶과 죽음, 그 경계의 모든 것을 노래했다.

특히 'Shoot Out'은 상실과 방황 사이에서 구원을 찾아 헤매는 심정을 노래하며, 일곱 멤버는 뮤직비디오를 통해 기독교 7대 죄악인 '교만, 질투, 분노, 나태, 식탐, 색욕'을 하나씩 모티브로 삼아 형상화 했다.

❷ 무대 콘셉트

〈쇼! 음악중심〉에서 해당 무대의 콘셉트는 백남준의 〈TV 정원〉과 몬스타엑스의 뮤직비디오 중 한 장면을 모티브로 하여 무대를 구성하였다. 기계 문화와 자연주의, 아날로그와 디지털, 즉 정신과 물질의 이상적 합일점을 찾고자하는 〈TV 정원〉의 주제와 'Shoot Out'이 전달하고자 하는 주제의식이 본 무대에 잘 표현되어 있다. 또한 아날로그 모니터와 영상 속 모니터에는 7색 컬러바가 붙어있으며, 이는 일곱 멤버의 상징과 7대 죄악을 상징하고 있다.

또한 무대 운영에 있어 레드와 화이트를 주 컬러로 사용하고 있는데, 여기서 화이트 빛은 이 시대에 필요한 새로운 빛의 출현을 상징한다.

부조화와 조화의 경계 속에서 이상을 찾고자 하는 몬스타엑스 멤버들의 모습을 우리는 'Shoot Out' 무대를 통해 찾아볼 수 있다.

▲ MBC 〈쇼! 음악중심〉에서의 몬스타엑스의 'Shoot Out' 무대

▲ 몬스타엑스 'Shoot Out' 뮤직비디오 중 한 장면

❸ 카메라 사이즈의 이해

- **롱 FS (롱 풀샷)** : 관객석의 상당 부분까지 포함한 큰 사이즈의 풀샷. 곡의 첫 부분이나 하이라이트가 시작되는 부분에 많이 쓰이며, 야외 쇼에서는 현장 분위기를 살리기 위해 실내 쇼보다 더 빈번하게 쓰이는 샷이다.

- **FS (풀샷)** : 무대 전체를 보여주는 샷. 곡의 첫 부분에 전체적인 무대 분위기를 보여주기 위해 자주 쓰이며, 그룹 아이돌의 군무를 보여주고 싶을 때 자주 쓰인다.

- **GS (그룹 샷)** : 2명 이상의 인물을 잡는 샷. 그룹 아이돌의 무대에서는 일부 멤버가 그룹을 이루어 포인트 안무를 할 때 자주 쓰이는 샷이다.

- **KS (니샷: Knee Shot)** : 인물의 무릎까지 나오게 보여주는 샷. 댄스곡 안무의 경우에는 골반을 쓰는 동작이 많아서 인물의 표정과 춤 선을 동시에 보여주기 위해 자주 쓰인다.

- **WS (웨이스트 샷)** : 허리까지 나오는 원샷.

- **BS (바스트 샷)** : 가수의 얼굴부터 가슴까지 화면에 꽉 차게 보여주는 원 샷. 표정 연기가 돋보이는 곡인 경우에 머리끝부터 턱까지 잡는 '타이트 바스트 샷' 또는 '익스트림 클로즈업 샷'을 쓰기도 한다.

- **1S, 2S (원샷, 투샷)** : 사이즈를 지정하지 않고 특정 인물이나 인물들을 보여줄 것만을 명시한 샷. 안무가 정확히 정해져 있지 않고 동선이 자유로운 무대의 경우에 카메라 감독이 무대 상황에 따라 카메라 사이즈를 재량해 촬영한다.

❹ 〈쇼! 음악중심〉의 카메라 배치도

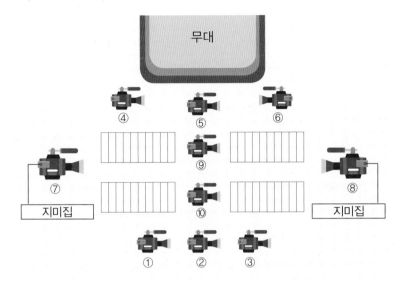

무대

④ ⑤ ⑥

⑨

⑦ 지미집

⑧ 지미집

⑩

① ② ③

※ 카메라 번호는 임의로 지정된 것이며, 프로그램이나 방송사에 따라 달라질 수 있다.

- ①, ②, ③번 카메라 : 스튜디오용 스탠더드 카메라. 아이레벨에 고정되어 있는 카메라이다. 주로 안정적인 원샷이나 그룹 샷에 쓰이며, 정중앙의 ②번 카메라는 정면에서 본 풀샷을 잡는데 많이 쓰인다.
- ④, ⑤, ⑥번 카메라 : 무대 아래쪽에서 찍는 로우 샷 카메라. 무대 양쪽 끝이나 중앙에 있는 인물의 원샷이나, 해당 위치의 그룹 샷을 주로 잡는다. 삼각대 없이 촬영하기 때문에 역동적인 샷을 구현할 때 많이 쓰인다.
- ⑦, ⑧번 카메라(지미집) : 풀샷이나 롱 풀샷, 객석 샷 등 큰 그림을 담당한다.
- ⑨, ⑩번 카메라(레일) : 왼쪽에서 오른쪽 또는 오른쪽에서 왼쪽으로 레일을 타며 촬영하는 카메라이다. ⑨번 카메라는 로우 샷, ⑩번 카메라는 아이레벨 샷으로 움직인다. 리듬에 따라 움직이는 풀샷이나 인물의 분위기를 살리는 원샷 등에 쓰인다.

❺ 콘티 제작의 과정

음악 쇼의 컷 구성과 카메라 워킹은 곡의 '리듬'을 베이스로 진행된다. 콘티 작성의 가장 첫 단계는 곡의 가사를 리듬에 맞게 재배치하는 것이다. 그룹 아이돌의 경우에는 파트마다 그 파트를 담당하는 멤버와 그 멤버의 위치 역시 명시해둔다.

그렇게 제작된 '콘티용 가사지' 위에, 연출 PD가 각 부분마다 어떤 샷을 쓸지, 그 샷을 어떤 카메라로 구현하고자 하는지를 기록한다. 꽃가루나 폭죽 같은 특수효과, 암전 등의 조명 변화 요소들도 콘티에 기록해 무대의 전체 흐름을 한 번에 파악할 수 있도록 한다.

❻ 콘티 구현의 과정

연출자에 의해 제작된 콘티는 생방송 당일의 리허설 후에 연출자와 카메라 팀 간의 협의 과정을 한 번 더 거치게 된다. 연출자가 구현하고자 하는 샷이 무대 구조상 불가능하거나, 연결된 카메라 샷의 크기가 비슷해 어색한 느낌이 드는 경우도 있다. 이 경우에는 현장에서 콘티를 수정한다. 카메라 감독이 즉석에서 새로운 느낌의 카메라 워킹을 제안하기도 하는 등 아이디어를 주고받으며 최종 생방송용 콘티가 완성된다.

3—3 콘티의 실제

〈쇼! 음악중심〉 연출자 허항 PD가 작성한 "〈쇼! 음악중심〉 608회"의 제작에
실제 사용된 몬스타엑스의 'Shoot Out' 콘티

15. 몬스타엑스 - Shoot Out (3'30")

〈위치: I.M   주헌   〉.
           서누   〉.
     민혁   기현   원호   형원   〉.

		*전주 (11" / 6마디)	
7	LED → FS	(vvv) (growling) (※ 숨소리 효과음)	1
		├─ 1 ─┼─ 2 ─┤ (※ 박자 빨라짐)	2
		├─ 3 ─┼─ 4 ─┤	3
2	서누(중앙) 니샷 → WS	├─ 5 ─┼─ 6 ─┤	4
			5
/9	← 원호 1S → GS	All) (v)Walker Walker Walker	6
		growling (hey~)	7
/2	서누 WS	(v)Walker Walker Walker	8
4	기현 1S → GS	├───┤	9
		(v) Walker Walker Walker	10
/2	서누 WS follow	growling (hey~)	11
		(v) Walker Walker Walker	12
			13
8	FS → GS → FS	주헌(←우3컷→중앙))(vvv) 주허니 ONE	14
		HUNNIT (vv) ya	15
/1	WS follow	(v) Excuse me I'm-	16
		walking like zombie	17
6	원호 1S → GS	uh 반쯤은 죽어 미치고	18
		팔짝 뛰어 Jumping	19
2	WS	uh 길이길이 기억해 손 모양	20
		총 모양 Blokka blokka	21
7	FS → WS → FS	huh huh 걸림돌이 되어버린	22
		난 너의 앞 Choppa choppa	23
			24
		I.M(←중앙))Blakk blakk blakk Can't block block block	25
		You're blah blah blah stop ta. talk	26
5	WS → GS	(ing) 떠나버린 감정은 터트려	27
		주저 없이 다 Pop pop pop	28
		(v) Never gonna stop this	29
		넌 망설임 없이 가--	30
1	WS follow	(v) 참고 있던 끈도	31
		이젠 놓을게 난 Drop	32

(CAM 9)

계속 ☞

9	→ GS → WS → GS	원호(•중앙))반쯤 넋 나간	1
		채로 (채로) 무거운	2
/3	WS → BS	다리를 끌며	3
		걸어 (걸어) / 민혁(•중앙 위)) 헤매 난	4
5	2S	민혁(•중앙→우3째))어딘가 아 아	5
		아아아 찾아 그	6
/1	WS → BS	누군가 아 아	7
		아아아~~	8
			9
8	GS	서누(•우2째))니가 없는 황혼에서	10
2	WS → 니샷	새벽 (새벽) 발목을	11
		움켜잡은 이건	12
		이별 (이별)	13
9	← GS → WS → FS	형원(•중앙))어둠 속에	14
		위태롭게	15
/3	기현(중앙) WS → BS	휘청이고 있어	16
			17
		기현(•중앙))(v) 날 위해	18
10	→ FS → 니샷 → FS	Shoot out Shoot out	19
		Shoot out 독하게	20
		Shoot out Shoot out	21
/5	1S → 중앙 GS	Shoot out / 서누(•우3째→중앙))어차피 다	22
		서누(•중앙))끝났다면 니 맘이	23
		떠났다면 희망도	24
2	니샷 → WS	남김없이 버려	25
			26
/7	FS → 발 동작 → FS	기현(•우3째→중앙))(v) 날 위해	27
		Shoot out Shoot out	28
		Shoot out 한 방에	29
		Shoot out Shoot out	30
3	기현 WS follow	Shoot out / 원호(•좌3째→중앙)) 언젠가는	31
5	1S	원호(•중앙))온~다~	32
		니~ 그게 더	33
2	중앙 3S → WS	잔인하게 들려	34
		(어서 더 차갑게)	35

(계속/7)

계속 ☞

/7 FS → 형원(서있는 멤버) WS → FS	All) (v) walker, walker, walker	1
	growling (hey~)	2
	(v) Walker Walker Walker	3
	⊢——⊣	4
/6 서누 1S → GS	(v) Walker Walker Walker	5
	growling (hey~)	6
2 형원(중앙) 니샷 → WS	(v) Walker Walker Walker	7
		8
9 → GS → WS → GS	I.M(•우끝))(vvv) I.M	9
	want I.M I ain't~	10
	no mercy, primacy I can	11
/3 WS follow	promise it oh/ Hold on	12
	take your time gonna make that	13
2 GS → 주헌 WS	rip it up like a beast ya	14
	주헌(•중앙))grrr 탕탕 심장이 아파	15
	부르르 떨리는 몸 숨이 너무 가빠	16
8 FS → 주헌 WS → FS	누르는 압박감 누르는 강박감	17
	구르는 몸 일으켜 세우기 지금 바빠	18
		19
	원호(•중앙))너를 원한 그	20
/5 WS → GS → WS	후로 (후로)내 맘은	21
	멀쩡한 곳이	22
	없어 (없어) / 민혁(•좌3째→중앙)) 다쳐 늘	23
2 니샷 → WS	민혁(•중앙))어딘가 아 아	24
	아아아 그래도	25
6 아이엠(우끝) 1S	너니까 아 아	26
2 WS	아아아~~	27
		28
9 ← GS	서누(•우2째))니가 없는 황혼에서	29
	새벽 (새벽) 발목을	30
3 t.u	움켜잡은 이건	31
	이별 (이별)	32
2 GS → WS → FS	형원(•중앙))어둠 속에	33
	위태롭게	34
	휘청이고 있어	35

(☞☞/9)

계속 ☞

/9 → 1S → FS		기현(•중앙))(v)날 위해	1
		Shoot out Shoot out	2
		Shoot out 독하게	3
4 주헌(좌끝) 1S		Shoot out Shoot out	4
5 중앙 GS → 셔누 WS → GS		Shoot out / 셔누(•중앙)) 어차피 다	5
		셔누(•중앙))끝났다면 니 맘이	6
		떠났다면 희망도	7
3 WS follow		남김없이 버려	8
			9
7 GS → WS → FS		기현(•중앙))(v) 날 위해	10
		Shoot out Shoot out	11
		Shoot out 한 방에	12
		Shoot out Shoot out	13
1 WS follow		Shoot out / 원호(•중앙)) 언젠가는	14
2 GS → WS (천천히)		원호(•중앙))온~다~	15
		니~ 그게 더	16
		잔인하게 들려	17
		(어서 더 차갑게)	18
10 ← 셔누(우끝) WS → FS		├──┤	19
			20
	형원(•좌3째),민혁(•우3째))(Fire~~)		21
		(v) 지금 니 입으로	22
/5 2S		(v)끝이라는 말을	23
		(v) 내 심장에 써줘	24
7 FS → WS → FS		기현(•좌끝))(Fire~~)	25
		(v) 이런 지옥 같은	26
		희망을 끝내줘	27
			28
/9 ← WS → GS	원호(•중앙)+기현(•좌3째)adlib)	(v)날 위해	29
		Shoot out Shoot out	30
		Shoot out 독하게	31
2 니샷 → WS		Shoot out Shoot out	32
/6 WS → GS		Shoot out / 셔누(•우3째))어차피 다	33
		셔누(•우3째→중앙))끝났다면 니 맘이	34
		떠났다면 희망도	35
1 WS follow	셔누(•중앙)+기현(•좌끝)adlib)	남김없이 버려	36

(☞☞7)

계속 ☞

7 통 FS → WS → FS	기현*(•좌끝)*)(v) 날 위해		1
	Shoot out Shoot out		2
	Shoot out 한 방에		3
	Shoot out Shoot out		4
/9 → WS → GS	Shoot out / 원호*(•우2째→중앙)*) 언젠가는		5
원호*(•중앙)*+기현*(•좌끝)*adlib)온~다~			6
/2 WS → FS	니~ (온다니) 그게 더		7
	잔인하게 들려		8
	(어서 더 차갑게)		9
	(v) (Walker Walker Walker)		10
	├──────┤		11
	├ fade out ┤		12
<Focus out>			13

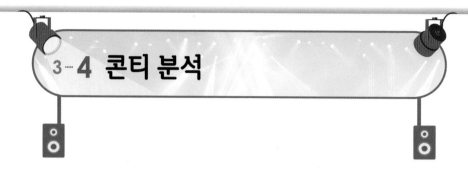

3…4 콘티 분석

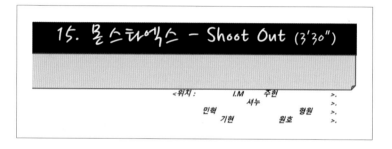

콘티의 첫 부분에는 출연 순서와 팀명, 곡명, 곡의 길이, 무대에서의 멤버들의 위치 등이 표기되어 있다.

〈쇼! 음악중심〉는 생방송으로 편성에 의해 배정받은 시간에 맞추어 방송이 진행되기 때문에 곡의 길이가 조정될 수도 있다. 무대에서 멤버들의 첫 위치를 기록하는 것은 안무에 따라 멤버들의 위치가 바뀌기 때문에 각 멤버들을 정확히 기억하여 카메라 상에서 놓치지 않기 위함이다.

콘티의 가장 처음[*전주(11″/6마디)]에는 전주의 길이와 마디가 표기되어 있다. 콘티의 왼쪽은 카메라의 샷에 대한 내용이고 오른쪽은 가사와 박자에 대한 것이다. 콘티 오른쪽 끝부분의 아래로 나열된 숫자는 행을 구분한 것이다.

		★전주 (11″ / 6마디)		
7	LED → FS	(vvv) (growling) (※ 숨소리 효과음)		1
		├─ 1 ─┼─ 2 ─┤ (※ 박자 빨라짐)		2
		├─ 3 ─┼─ 4 ─┤		3
2	셔누(중앙) 니샷 → WS	├─ 5 ─┼─ 6 ─┤		4
				5
/9	← 원호 1S → GS	All) (v) Walker Walker Walker		6
		growling (hey~)		7
/2	셔누 WS	(v) Walker Walker Walker		8
4	기현 1S → GS	├─────┤		9
		(v) Walker Walker Walker		10
/2	셔누 WS follow	growling (hey~)		11
		(v) Walker Walker Walker		12
				13

콘티 1열의 '7 LED → FS'에서 '7'은 카메라 번호를, 'LED → FS'는 카메라가 무대 뒤편의 LED 영상을 클로즈업 샷으로 잡았다가 무대 전체를 보여주는 풀샷까지 줌아웃을 한다는 의미이다.

(VVV)는 앞에 강한 비트를 세 번 한다는 것을 의미한다.

이 비트에서 카메라의 사이즈 변화(빠른 줌인/아웃), 조명의 변화, 안무의 포인트가 동시에 일어난다.

▲ [사진 1] 1열 : 7 LED → FS

[사진 1]은 콘티 처음 1열의 '7 LED → FS'를 실제 표현한 장면으로, 모티브로 삼은 뮤직비디오의 한 장면과 같이 포인트 컬러를 레드로 설정한

모습이다. 레드 컬러는 몬스타엑스의 거칠고 섹시한 모습을 잘 표현하고 있으며, 7대 죄악의 상징적 컬러로 사용되고 있다.

곡이 시작될 때, 이러한 조명 콘셉트와 무대의 전체적인 분위기를 보여주기 위해 풀샷을 이용하는 경우가 많다. 이는 무대의 전체 모습을 보여줌으로써 무대의 콘셉트를 잘 드러내고 있다. 마치 백남준의 작품 〈TV 정원〉의 메시지들이 그대로 녹아 있는 듯하다.

▲ [사진 2] 6열 : 9 ← 원호 1S → GS

[사진 2]는 콘티에서 6열의 '9 ← 원호 1S → GS'를 실제로 표현한 장면으로, 콘티에서 파란색 슬래시(/)는 카메라가 바뀌는 타이밍을 의미한다.

격렬한 군무가 시작되는 부분이어서 오른쪽 끝에 자리한 멤버 원호군의 원샷에서 전체 그룹 샷으로 줌아웃하면서 왼쪽으로 움직이는 9번 레일 카메라로 촬영한다. 카메라 번호 옆의 화살표(←)는 레일을 오른쪽에서 왼쪽으로 이동하며 촬영하고자 한다는 의미이다.

8 FS → GS → FS	주헌(•유3퍼→중앙)(vvv) 주허니 ONE	14
	HUNNIT (vv) ya	15
/1 WS follow	(v) Excuse me, I'm~	16
	walking like zombie	17
6 원호 1S → GS	uh 반쯤은 죽어 미치고	18
	말짝 뛰어 Jumping	19
2 WS	uh 길이길이 기억해 손 모양	20
	총 모양 Blokka blokka	21
7 FS → WS → FS	huh huh 걸림돌이 되어버린	22
	난 너의 앞 Choppa choppa	23
		24
	I.M(•중앙))Blakk blakk blakk Can't block block block	25
	You're blah blah blah stop ta, talk	26
5 WS → GS	(ing) 떠나버린 감정은 터트려	27
	주저 없이 다 Pop pop pop	28
	(v) Never gonna stop this	29
	넌 망설임 없이 가~	30
1 WS follow	(v) 잡고 있던 끈도	31
	이젠 놓을게 난 Drop	32
(αrαr9)		계속 ☞

이 콘티는 노래의 VERSE 1에 해당하는 부분이다.

▲ [사진 3] 16열 : 1 WS follow

[사진 3]은 콘티 16열의 '1 WS follow'를 표현한 화면으로, 주헌군이 랩을 하며 안무를 하는 파트이기 때문에 표정을 포인트로 하는 원샷을 잡되 동선에 따라 움직이며 촬영한 것이다. 이때 '1 WS follow'는 ①번 카메라가 Waist 사이즈의 카메라를 잡고 움직임에 맞도록 follow를 하며 사이즈를 유지해달라는 의미이다.

▲ [사진 4] 27~30열 : 5 WS → GS

[사진 4]는 콘티 27~30열의 '5 WS → GS'를 표현한 화면으로, 발로 차는 안무의 포인트를 퀵 줌으로 표현하고 있다. 삼각대 없이 어깨에 카메라를 얹어 운영하는 로우 샷인 ④, ⑤, ⑥번 카메라로 촬영하면 더욱 역동적인 느낌이 난다.

9	→ GS → WS → GS	원호 (·중앙)번쯤 넘 나간	1
		채로 (채로) 무거운	2
/3 WS → BS		다리를 끌며	3
		걸어 (걸어) / 민혁 (·중앙 위) 헤매 난	4
5	2S	민혁 (·중앙·우3째)어딘가 아 아	5
		아아아 찾아 그	6
/1 WS → BS		누군가 아 아	7
		아아아~~	8
			9
8	GS	셔누 (·우2째)니가 없는 황혼에서	10
		새벽 (새벽) 발목을	11
2	WS → 니샷	움켜잡은 이건	12
		이별 (이별)	13
9	← GS → WS → FS	형원 (·중앙)어둠 속에	14
		위태롭게	15
/3 기현(중앙) WS → BS		휘청이고 있어	16
			17

이 콘티에서 조명은 음악의 비트와 같은 속도로 동기화 되어 표현되어 있다.

		기현(*•중앙)(v) 날 위해	18
10 → FS → 니샷 → FS		Shoot out Shoot out	19
		Shoot out 독하게	20
		Shoot out Shoot out	21
/5 1S → 중앙 GS		Shoot out / 셔누(*•우3番→중앙) 어차피 다	22
		셔누(*•중앙) 끝났다면 니 맘이	23
		떠났다면 희망도	24
2 니샷 → WS		남김없이 버려	25
			26
/7 FS → 발 동작 → FS		기현(*•우3番→중앙)(v) 날 위해	27
		Shoot out Shoot out	28
		Shoot out 한 방에	29
		Shoot out Shoot out	30
3 기현 WS follow		Shoot out / 원호(*•표3番→중앙) 언젠가는	31
5 1S		원호(*•중앙) 온~다~	32
		니~ 그게 더	33
2 중앙 3S → WS		잔인하게 들려	34
		(어서 더 차갑게)	35
(☞☞/7)			계속 ☞

이 콘티 부분은 가요 형식의 음악 구조상 chrous에 해당하는 부분이다. 곡의 구조상 가장 중심이 되는 지점으로 영상과 조명이 레드 컬러와 화이트 컬러의 조합으로만 구성되어 주제를 표현하고 있음을 확인할 수 있다. 영상의 경우 레드 바탕에 강렬한 번개의 그래픽이 거친 느낌을 더하고 있다. 카메라 워킹 역시 강렬해진 무대 전체 분위기와 포인트 군무를 볼 수 있는 풀샷을 먼저 보여준 후, 멤버들의 깊어진 표정 연기를 보여주는 원샷을 바로 배열해 방송 상으로도 절정으로 치닫는 무대 분위기를 전달한다.

▲ [사진 5] 19열 : 10 FS → 니샷 → FS

[사진 5]는 콘티 19열의 '10 FS → 니샷 → FS'에 대한 영상으로, 곡의 포인트 군무가 돋보인다. 무대 세트와 조명, 군무의 조화를 보여주기 위해 아이레벨 레일 샷인 ⑩번 카메라로 촬영했다.

/7 FS → 형원(서있는 멤버) WS → FS	All) (v) walker, walker, walker		1
	growling (hey~)		2
	(v) Walker Walker Walker		3
			4
/6 서누 1S → GS	(v) Walker Walker Walker		5
	growling (hey~)		6
2 형원(중앙) 니샷 → WS	(v) Walker Walker Walker		7
			8
9 → GS → WS → GS	I,M(+우림)(vvv) I,M		9
	want I,M I ain't-		10
	no mercy, primacy I can		11
/3 WS follow	promise it oh Hold on		12
	take your time gonna make that		13
2 GS → 주현 WS	rip it up like a beast ya		14
	주현(+중앙)grrr 탕탕 심장이 아파		15
	부르르 떨리는 몸 숨이 너무 가빠		16
8 FS → 주현 WS → FS	누르는 압박감 누르는 강박감		17
	구르는 몸 일으켜 세우기 지금 바빠		18
			19

▲ [사진 6] 9열 : 9 → GS → WS → GS

[사진 6]은 콘티 9열의 '9 → GS → WS → GS'에 대한 영상으로, 곡의 분위기가 잠깐 전환되는 랩 파트를 레일카메라의 워킹을 활용해 잘 표현하고 있다. 아이엠군의 랩과 나머지 멤버들의 군무를 함께 보여줘야 하는 부분이기 때문에 역동적인 느낌의 로우 샷 레일 카메라인 ⑨번 카메라를 이용해 군무 그룹 샷과 래퍼 원샷을 오가는 레일 샷으로 구현했다.

	원호 (●중앙)너를 원한 그	20
/5 WS → GS → WS	후로 (후로/내 맘은	21
	일평한 곳이	22
	없어 (없어) / 민혁(●최3째→중앙) 다쳐 늘	23
2 니샷 → WS	민혁(●중앙)어딘가 아 아	24
	아아아 그래도	25
6 아이엠(우큼) 1S	너니까 아 아	26
2 WS	아아아~~	27
		28
9 ← GS	서누(●우2째)니가 없는 황혼에서	29
	새벽 (새벽) 발목을	30
3 t.u	움켜잡은 이건	31
	이별 (이별)	32
2 GS → WS → FS	형원(●우2째)어둠 속에	33
	위태롭게	34
	휘청이고 있어	35
(이어/9)		계속 ☞

콘티 31열의 '3 T.U(Tilt Up: 틸트업)'는 셔누군이 다리 안무와 함께 노래하는 부분이기 때문에 오른쪽 스탠더드 카메라인 3번 카메라로 다리 동작에서 얼굴 표정까지 훑어 올라가는 틸트업 샷을 구현했다. 하체를 쓰는 안무와 노래가 동시에 이루어지는 부분은 틸트업 샷이나 바스트 샷에서 풀피규어 샷으로 넓어지는 줌아웃 샷을 많이 쓴다.

콘티 34열의 ②번 카메라는 마지막 Chrous로 넘어가기 전 극적인 느낌을 더하기 위해 리듬과 함께 빠른 사이즈 변화와 strobe 조명으로 포인트를 주고 리듬이 갑자기 멈추는 35열 "있어" 가사 에서 다음 콘티로 넘어간다.

/9 → 1S → FS	기현(·중앙)(v) 날 위해		1
	Shoot out Shoot out		2
	Shoot out 독하게		3
4 주헌(좌끝) 1S	Shoot out Shoot out		4
5 중앙 GS → 셔누 WS → GS	Shoot out / 셔누(·중앙) 어차피 다		5
	셔누(·중앙)끝났다면 니 맘이		6
	떠났다면 희망도		7
3 WS follow	남김없이 버려		8
			9
7 GS → WS → FS	기현(·중앙)(v) 날 위해		10
	Shoot out Shoot out		11
	Shoot out 한 방에		12
	Shoot out Shoot out		13
1 WS follow	Shoot out / 원호(·중앙) 언젠가는		14
2 GS → WS (천천히)	원호(·중앙)온~다~		15
	니~ 그게 더		16
	잔인하게 들려		17
	(어서 더 차갑게)		18
10 ← 셔누(우끝) WS → FS	├────┤		19
			20

▲ [사진 7] 5~7열 : 5 중앙 GS → 셔누 WS → GS

[사진 7]은 콘티 5~7열의 '5 중앙 GS → 셔누 WS → GS'에 대한 영상으로, 무대 중앙 아래쪽에서 위로 올려다보는 느낌을 구사할 수 있는 ⑤번 카메라로 〈쇼! 음악중심〉에서만 볼 수 있는 상징적인 샷이다.

	형원 *(•좌3째)* , 민혁 *(•우3째)*)(Fire~~)		21
	(v) 지금 니 입으로		22
/5 2S	(v) 끝이라는 말을		23
	(v) 내 심장에 쐈줘		24
7 FS → WS → FS	기현 *(•좌끝)*)(Fire~~)		25
	(v) 이런 지옥 같은		26
	희망을 끝내줘		27
			28
/9 ← WS → GS	원호 *(•중앙)* +기현 *(•좌3째)* adlib) (v) 날 위해		29
	Shoot out Shoot out		30
	Shoot out 독하게		31
2 니샷 → WS	Shoot out Shoot out		32
/6 WS → GS	Shoot out / 서누 *(•우3째)*)어차피 다		33
	서누 *(•우3째→중앙)* 끝났다면 니 맘이		34
	떠났다면 희망도		35
1 WS follow	서누 *(•중앙)* +기현 *(•좌끝)* adlib) 남김없이 버려		36
(oroar7)		계속 ☞	

▲ [사진 8] 25~27열 : 7 FS → WS → FS

7 롱 FS → WS → FS	기현 *(·좌끝)* (v) 날 위해		1
	Shoot out Shoot out		2
	Shoot out 한 방에		3
	Shoot out Shoot out		4
/9 → WS → GS	Shoot out / 원호 *(·우2째→중앙)* 언젠가는		5
	원호 *(·중앙)* +기현 *(·좌끝)* adlib)온~다~		6
/2 WS → FS	니~ (온다니) 그게 더		7
	찬인하게 들려		8
	(어서 더 차갑게)		9
	(v) (Walker Walker Walker)		10
	⊢————⊣		11
	⊢fade out⊣		12
<Focus out>			13

▲ [사진 9] 1~4열 : 7 롱 FS → WS → FS

[사진 9]는 콘티 1~4열의 '7 롱 FS → WS → FS'을 표현한 것으로, 관객까지 보이는 롱 풀샷(위)에서 멤버들의 표정이 보이는 웨이스트 샷(아래)까지 ⑦번 지미집 카메라로 빠르게 들어간 샷이다. 코러스의 극적인 표현을 위해 조명이 카메라 렌즈 방향으로 이동하여 플레어 현상을 일으키고 있다. 곡의 감정이 절정에 달하는 부분이기 때문에 열기가 오른 현장 분위기와 화려한 조명, 격렬한 군무 등을 함께 담을 수 있는 롱 풀샷을 이용했다.

▲ [사진 10] 7~13열 : 2 WS → FS

[사진 10]은 콘티 7~13열의 '2 WS → FS'을 표현한 것으로, 로고 발생 후에 포커스가 아웃된다. 무대의 여운을 담은 정면 풀샷을 구현하기 위해 정면 스탠더드 카메라인 ②번 카메라가 촬영했다.

※ 그룹 몬스타엑스와 스타쉽엔터테인먼트의 협조에 감사드립니다.

부록

■ 한눈에 보는 쇼 제작표 - 〈쇼! 음악중심〉

		D-9	D-8	D-7	D-6	D-5	D-4
연출	담당						
	PD		세트 디자인 회의	세트 디자인 시안 확정		캐스팅 미팅 (페이스타임)	캐스팅 확정
						캐스팅 회의	스태프 회의
						세트 디자인 최종 회의	
	작가	세트 디자인 시안 찾기	세트 디자인 회의		캐스팅 신청 접수	캐스팅미팅	캐스팅 콜
					캐스팅 후보 리스트 작성	캐스팅 회의	스태프 회의
						세트 디자인 최종 회의	LED 소스 시안 찾기
							큐시트 작성
	조연출						스태프 회의
	진행 팀						외부 스태프 연락 및 공유
무대 시스템	담당						
	미술 감독	세트 디자인 구상	세트 디자인 회의	세트 디자인 시안 확정	무대 스태프 회의 및 수정	세트 디자인 최종 확정 및 회의	발주 및 제작
	일반 세트						세트 제작 회의
	구조물						도면 검토 및 발주
	조명 설치 담당						조명 디자인 회의 및 준비 작업
	영상 설치 담당						도면 검토 및 발주
	영상 소스 담당						
	전기 장식 담당						전식 관련 회의
	현장 음향 업무						음향 디자인 및 발주
	특수효과						특수효과 관련 회의
방송 시스템	담당						
	기술 감독					세트 디자인 최종 회의	자료 분석
	음향 감독					세트 디자인 최종 회의	
	영상 감독						
	카메라 감독					세트 디자인 최종 회의	자료 분석
	조명 감독			세트 디자인 수정 및 보완	조명 디자인	조명 디자인	조명 디자인 회의 및 발주

D-3	D-2	D-1	D-1	당일 오전	당일 오후	D+1
				테크니컬 리허설 및 사전 녹화	사전 녹화 / 생방송	
콘티 작업	콘티 작업			콘티 체크 및 수정	카메라 회의	방송 모니터
		최종 스태프 회의		사전 녹화 연출	사전 녹화 연출	
					생방송 연출	
LED 소스 디자인 의뢰	타임테이블 작성			세트 최종 체크		
순위 집계 작업	대본 탈고	큐 카드 제작			MC 대본 리딩	
대본 집필	자막 및 프롬프터 의뢰	특효 의뢰			출연자 스탠바이	
	출연자 의상 확인 및 공유				문자 투표 상황 체크	
VCR 제작	VCR 제작	VCR 종편		리허설 진행	사전 녹화분 편집	
					생방송 진행	
소품 신청				사전 녹화 진행	사전 녹화 및 생방송 진행	방송 자료 정리
				테크니컬 리허설 및 사전 녹화	사전 녹화 / 생방송	철거
제작 작업 감독	세트 작업 감독	세트 작업 감독		사전 세트 설치 감독	생방송 진행	
세트 제작	무대 바닥 및 세트 제작	세트 설치	사전 세트 제작	사전 세트 설치		
설계	구조물 설치 작업	구조물 보강 및 고정 작업				
사전 준비 작업	조명 장비 설치	전원 및 신호 작업	프로그래밍	시스템 체크 및 조명 수정	생방송 진행	
사전 준비 작업	LED 설치 작업	LED 설치 작업	전원 및 신호 작업		생방송 진행	
LED 소스 디자인 회의	소스 디자인	소스 제작	소스 제작 및 공유	맵핑 및 운영	생방송 진행	
사전 준비 작업	전식 설치 작업	전식 설치 작업	전식 설치 작업	프로그래밍	생방송 진행	
사전 준비 작업	음향 장비 설치	전원 및 신호 작업	테스트		생방송 진행	
특수효과 디자인	사전 준비 작업	특수효과 장비 설치	사전 테스트	운용	생방송 진행	
				테크니컬 리허설 및 사전 녹화	사전 녹화 / 생방송	
자료 분석	자료 분석	콘티 분석	콘티 분석	콘티 체크 및 수정	생방송 진행	방송 모니터
	큐시트 분석	마이크 배정	콘솔 세팅 및 시뮬레이션	시스템 체크 및 믹싱 수정	생방송 진행	방송 모니터
		영상 및 송출 시스템 점검	영상 및 송출 시스템 점검	영상 조정	생방송 진행	방송 모니터
자료 분석	자료 분석	콘티 분석	콘티 분석	콘티 체크 및 수정	생방송 진행	방송 모니터
조명 큐 디자인	조명 큐 디자인	조명 큐 디자인	조명 큐 디자인	콘티 체크 및 조명 수정	생방송 진행	방송 모니터

새로운 음악 쇼 프로젝트를 준비할 때 마다 이번에는 어떠한 tone & manner를 유지할 것인가를 늘 고민한다. 매주 반복되는 쇼 무대에서 늘 새로움을 추구하면서 나만의 색깔을 담는 것이 내겐 가장 큰 고민이었다.

마찬가지로 2018년에 소통을 주제로 했던 '방송 제작의 알파와 오메가'에 이어 또 하나의 프로젝트인 이번 책을 준비하면서 이번에는 새로운 시선으로 조금은 다른 이야기를 독자들에게 쉽게 전달하기 위해 필자들은 무척이나 고민하고 노력했다.

매주 토요일 정기적으로 방송되는 〈쇼! 음악중심〉 무대 역시 새로움을 추구하기 위해 우리의 음악 쇼 스텝들 역시 늘 고민하고 공부한다.

200여 편이 넘는 음악 쇼 무대의 조명을 준비하면서, 음악 쇼에 큰 매력을 느끼는 이유는 늘 새로움과 즐거움을 경험하기 때문이다.

필자는 독자들에게 쇼 제작을 하는 우리의 노력과 고민을 보여주고 싶은 마음도 있었지만, 그 이전에 쇼가 갖는 이러한 매력들을 우선적으로 전달하고 싶었다. 더구나 이번에는 〈쇼! 음악중심〉을 직접 연출한 PD와 함께 집필하니 조금은 다른 시선으로 조금 더 깊이 있는 이야기를 나누어 드릴 수 있을 듯하여 이에 대한 기대감이 더욱 크다.

이러한 기대감을 심어주고 새로운 시선으로 우리 책의 깊이를 더해주신 허항 감독님. 곧 퇴직을 앞두시지만 항상 후배들에게 든든한 견인차가 되어 주시는 조명계의 대선배 김태홍 국장님께 깊은 감사의 말씀을 드리고 싶다. 너무 많아 일일이 말씀드리지 못하지만 늘 응원해 주시고 도움 주시는 MBC의 선배후님들과 동료들, 사랑하는 가족에게 감사의 말씀을 드리고 싶다.

이 책은 이러한 우리들과 도움을 주신 많은 분들의 애정과 노력들이 온전히 담긴 그런 책이다.

2019년 10월

공동 저자 장익선

쇼라는 장르는 PD를 꿈꾸던 시절부터 나를 설레게 하는 그 무엇이었다. 어린 시절 〈토요일 토요일은 즐거워〉, 〈가요 톱 텐〉 같은 쇼 프로그램은 단순한 프로그램 이상의 판타지의 영역 같은 것이었다. 그리고 예능 PD로 입사한지 10년 만에 그 판타지를 연출할 수 있는 기회를 얻었고, 1년 반이라는 시간을 MBC 대표 쇼 프로그램 〈쇼! 음악중심〉에서 보낼 수 있는 행운을 누렸다. 말 그대로 '행운'의 시간이었다. 매주 같은 시간 같은 패턴으로 방송되는 레귤러 쇼 프로그램이었지만, 단 한 주도 새롭지 않은 적이 없었고 단 한 주도 설레지 않은 적이 없었으니 말이다.

이제는 시청자들이 자신이 좋아하는 가수를 볼 수 있는 매체가 훨씬 다양해졌다. 하지만 여전히 많은 가수들, 특히 아이돌 가수들은 TV 쇼 무대에 서는 순간을 꿈꾼다고 이야기한다. 그래서인지, 그들이 채우는 TV 쇼의 무대는 늘 새로운 도전과 열정으로 가득 차 있음을 느낀다. 그 모습을 내가 할 수 있는 최선의 방법으로 시청자들에게 전달하기 위해 고민하는 과정 자체가 나에게도 즐거운 도전이었다.

1년 반 동안 경험했던 '쇼'에 대한 정보와 느낌을 모아 책으로 낼 수 있게 되다니 꿈만 같다. 솔직히 존경하는 베테랑 쇼 PD 선배님들에 비하면 부족한 경험이고, 부족한 경험을 부족한 언변으로 기록해내는 것이 쉽지 않았다. 하지만 나보다 더 긴 시간, 더 큰 애정으로 쇼를 만들어오신 김태홍, 장익선 감독님과 함께하니 그 부족함이 조금은 가려질 것만 같아 든든하다.

가장 먼저, 항상 나의 일과 꿈을 늘 지지해주는 남편 정호조님과 가족들에게 감사의 마음을 전한다. 그리고 쇼 프로그램 연출 기회를 주신 MBC 예능본부 권석 본부장님, 강영선 부장님께 감사드린다. 부족했던 쇼 연출자에게 정신적 지주가 되어주셨던 원경희·정진옥 감독님 이하 기술 스태프 선후배님들, 류인환 감독님 이하 카메라 감독님들의 노고도 책을 쓰는 내내 생각났다. 묵묵한 열정으로 매주 함께해 준 〈쇼! 음악중심〉 전상희 작가, 이희진 작가, 지은정 작가, 엄세은 작가, 이나연 작가, 이향림 작가, 김완철 피디, 송선영, 김강석, 권도우, 김수현 감독, 임정수 김진희 미술 감독과 모든 스태프들에게도 고마움을 전하고 싶다. 취재 과정에서 귀한 시간을 내주고 사진 모델도 되어준 최민근 선배, 임찬 피디. 소중한 정보와 자료들을 아낌없이 전해주신 미술부 이봉재 국장님, 박종웅 디자이너님, 자막팀 신은호 디자이너님, 특수영상 이상헌 감독, 마케팅부 황인원님, 예능운영부 박미정님, 홍보부 차지수님, 그리고 늘 아낌없는 도움을 주시는 제작자분들, 함께 했던 모든 가수분들께도 깊은 감사의 뜻을 표한다.

쓰고 보니 이 책에는 정말 많은 사람들의 수고가 담겨있는 것 같다. 쇼가 그러하듯이.

2019년 10월

공동 저자 허항

흔적을 남기는 일은 흥미롭기도 하지만 두렵기도 하다.

특히 방송 제작에 대한 내용을 남에게 보여주는 것은 정답이 없기 때문에 더 그렇다.

방송의 모든 것이 그러하듯이 쇼 제작은 모두가 창작이다.

쇼 창작에 대해 몇 자의 글과 사진으로 간단하게 정리하는 것은 쉽지 않은 작업이었다.

2018년 8월 '방송 제작의 알파와 오메가'

2019년 1월 '드라마 제작의 알파와 오메가'

그리고 '쇼 제작의 알파와 오메가'로 이어진 나의 투박한 방송 제작 현장의 기록의 일부이다.

이번엔 두 명의 후배와 공동 작업을 했다.

공동 작업은 생각하지 못한 즐거움과 상상력을 일깨워 준다.

37년의 방송 제작현장을 졸업하면서 멋진 장익선, 허항 후배와 책으로 함께 하게 되어 무한한 영광이다. 그리고 책을 잘 쓸 수 있게 배경이 되 준 나의 회사 MBC에게 감사드린다.

　제작 현장에서 사진을 보내주고 인터뷰를 해준 MBC 조명 팀과 미술 팀, 그리고 명라이팅 후배에게 감사를 드리고 집필을 하면서 조언을 해 준 아내와 가족, 그리고 하나님께 감사를 드린다.

　마지막으로 글을 쓰고 돌아보면 항상 아쉬움이 많이 남는다.
　아쉬움은 또 다른 후배가 채우리라 생각한다.
　더 멋진 방송 제작 책을 기대하면서 나는 또 다른 세계로 한발 다가야겠다.

2019년 10월
공동 저자 **김태홍**

장익선 저자의 작품

드라마

2012년 – 〈천사의 선택〉

2013년 – 〈오자룡이 간다〉

2013년 – 〈수백향〉

2014년 – 〈소원을 말해봐〉

2015년 – 〈화려한 유혹〉

2016년 – 〈행복을 주는 사람들〉

2017년 – 〈별별 며느리〉

2019년 – 〈황금정원〉

쇼

2011년 – 〈무한도전 가요제〉

2012년 – 〈대학가요제〉

2012년 – 〈무한도전 서해안고속도로 가요제〉

2012년 – 〈커버댄스 페스티벌〉

2013년 – 〈이미자쇼(독일)〉

2013년 – 〈K–pop 콘서트〉

2014년 – 〈K–pop 베이징콘서트〉

2014년 – 〈Yesterday〉

2014년 – 〈쇼! 음악중심〉

2015년 – 〈쇼! 음악중심〉

2015년 – 〈중국 복면가왕〉

2016년 – 〈Thank U 콘서트〉

2016년 – 〈쇼! 음악중심〉

2017년 – 〈가요대제전〉

2017년 – 〈무한도전 토토가 3〉

2018년 – 〈선택 2018 개표방송〉

2019년 – 〈언더나인틴〉

허항 저자의 작품

2009~2011년 – 〈일밤〉, 〈우리 결혼했어요〉 조연출
2011~2012년 – 〈나는 가수다〉 조연출
2012~2013년 – 〈위대한 탄생〉 조연출
2013~2014년 – 〈진짜사나이〉 조연출
2014~2015년 – 〈라디오스타〉, 〈나 혼자 산다〉 조연출
2015~2016년 – 〈진짜사나이〉, 〈능력자들〉 연출
2016~2017년 –.〈우리 결혼했어요〉 연출
2017~2018년 – 〈쇼! 음악중심〉 연출

김태홍 저자의 작품

드라마

1998년 – 〈그대 그리고 나〉

2002년 – 〈상도〉

2003년 – 〈황금마차〉

2007년 – 〈거침없이 하이킥〉

2008년 – 〈이산〉

2009년 – 〈지붕 뚫고 하이킥〉

2010년 – 〈동이〉

2011년 – 〈짧은 다리의 역습〉

2012년 – 〈빛과 그림자〉

2013년 – 〈마의〉

2014년 – 〈폭풍의 여자〉

2015년 – 〈화정〉

2016년 – 〈다시 시작해〉

2018년 – 〈부잣집 아들〉

쇼

1996년 – 〈토요일 토요일은 즐거워〉

2000년 – 〈음악캠프〉

2004년 – 〈대한민국 음악축제〉

2003년 – 〈대한민국 영화대상〉

2005년 – 〈대한민국 음악축제〉

2005년 – 〈쇼! 음악중심〉

2005년 – 〈대한민국 영화대상〉

2007년 – 〈대한민국 영화대상〉

2007년 – 〈연말 가요대제전〉

2013년 – 〈DMZ 평화콘서트〉

2015년 – 〈DMZ 평화콘서트〉

2016년 – 〈연기대상〉

기 타

2019년 유튜브 '빛짱TV' 운영자

2020년 1월 03일 초판 1쇄 인쇄
2020년 1월 10일 초판 1쇄 발행

저 자 장익선, 허항, 김태홍
발 행 인 이미래

발 행 처 씨마스
등록번호 제301-2011-214호
주 소 서울특별시 중구 서애로 23 통일빌딩
전 화 (02)2274-1590
팩 스 (02)2278-6702
홈페이지 www.cmass21.net
E-mail licence@cmass.co.kr

기 획 정춘교
디 자 인 이기복, 박상군
편 집 양병수
마 케 팅 김진주

ISBN | 979-11-5672-350-9 (13680)

정가 17,000원